Arno Gruen:
Falsche Götter
Über Liebe, Haß
und die Schwierigkeit
des Friedens

Deutscher
Taschenbuch
Verlag

dtv

Von Arno Gruen
sind im Deutschen Taschenbuch Verlag erschienen:
Der Verrat am Selbst (35000)
Der Wahnsinn der Normalität (35002)
Der frühe Abschied (35066)

Durchgesehene und erweiterte Ausgabe
1. Auflage Januar 1993
2. Auflage Juli 1993: 9. bis 13. Tausend
Deutscher Taschenbuch Verlag GmbH & Co. KG, München

ISBN 3-430-13653-9
Umschlaggestaltung: Boris Sokolow
Satz: IBV Satz- und Datentechnik, Berlin
Druck und Bindung: C. H. Beck'sche Buchdruckerei, Nördlingen
Printed in Germany · ISBN 3-423-35059-8

Das Buch

Der Mensch strebt nach Autonomie, aber unterwirft sich Autoritäten; er verlangt nach Liebe, aber macht sich abhängig; er folgt jenen, die ihm Glück verheißen, ohne zu erkennen, daß der Weg ins Unglück führt. Warum ist das so, wo liegen die Ursachen zu solch selbstzerstörerischem Verhalten? Arno Gruen legt die Wurzeln frei, die im Inneren des Menschen liegen. Dort haben sich schon in der Kindheit Selbstverachtung und Selbsthaß angesiedelt, meist ohne daß uns das bewußt ist, und daraus entsteht eine lebenslange Verkettung von Haß, Schuld und Selbstmitleid. Die Suche nach Erlösung aber wird draußen gesucht, wo zahlreiche Helden zur Verfügung stehen, die Liebe in Aussicht stellen, tatsächlich aber nur Gefolgschaft erwarten. Es sind die »falschen Götter«, denen wir folgen, um nicht wahrhaben zu müssen, wie es in unserem Inneren aussieht. Wir folgen denen, die uns verachten, weil wir das Opfer in uns selbst hassen. Und so fängt die Verdrehung der Liebe an. Wir lieben, was wir hassen, und hassen, was wir lieben könnten. Dies hat politische Konsequenzen: Wir treten den Aggressoren bei.
In diesem Buch geht es Arno Gruen nicht nur darum, daß und wie wir zum willfährigen Werkzeug der Macht werden, er bietet nicht irgendeine neue und »erlösende« Schuldzuweisung, sondern er dringt zu jenem Kern in uns vor, für den wir selbst die Verantwortung tragen. Und genau an diesem Punkt setzt seine Hoffnung auf die Entmachtung der Macht und auf eine friedensfähige Zukunft an.

Der Autor

Arno Gruen, am 26. Mai 1923 in Berlin geboren, emigrierte 1936 in die USA, wo er 1961 als Psychoanalytiker bei Theodor Reik promovierte. Er war als Professor und Therapeut an verschiedenen Universitäten, Kliniken und in seiner Privatpraxis tätig, bis er 1979 in die Schweiz übersiedelte. Er lebt und praktiziert heute in Zürich. Buchveröffentlichungen: ›Der Verrat am Selbst‹ (1984), ›Der Wahnsinn der Normalität‹ (1987), ›Der frühe Abschied‹ (1988).

Inhalt

Für Simone

Vorwort

Der Schmerz ist groß. Dieses Buch zu schreiben benötigte eine persönliche Konfrontation mit dem täglich verbannten Leid, das uns allen unerträglich geworden ist. Unerträglich, weil wir verlernt haben, mit dem Schmerz umzugehen. Wir haben es verlernt, weil die Kultur ihn verschmäht.

Die Geschichte des 20. Jahrhunderts ist die Geschichte eines ungeheuren Schmerzes und dessen Verleugnung. Damit verbunden ist die Unmöglichkeit, lieben zu können. Aber: Schmerz ohne Liebe, Liebe ohne Schmerz gibt es nicht. Sie sind wechselwirkend miteinander verbunden durch die empathische Fähigkeit, die unsere Menschlichkeit bestimmt und erst möglich macht.

Es ist in der Tat kurz vor zwölf. Die Konfrontation am Persischen Golf brachte uns dieser Verheerung näher. Solange wir Leid verschmähen, werden wir solchen Katastrophen nicht ausweichen können.

So richte ich mich an jene, die noch hören wollen. Jene, die noch zweifeln können, die verletzbar sind, die sich noch nicht daran gewöhnt haben, ihren Schmerz zu verbannen, ihn deswegen tragen können. Bei ihnen liegt unsere Hoffnung. Sie haben das Potential der wahren Stärke, sich und somit die Welt zu retten.

Für die Taschenbuchausgabe habe ich ein neues Kapitel ›Über den Gehorsam‹ hinzugefügt. Es scheint mir, daß unser Hang, dem Aggressor beizutreten, der wesentlichste Aspekt unserer gegenwärtigen Lage ist. Dadurch zementiert sich der Gehorsam. Dieser fesselt den Menschen und ist zugleich die Quelle einer unendlichen Wut und der Neigung zur Gewalt. Ihm besser entgegentreten zu können ergänzt das Anliegen dieses Buches.

Prolog

Geschichte dreht sich um Helden, um »große« Männer und manchmal um »große« Frauen. Wir bauen Denkmäler und finden das auch noch richtig. Aus der Anerkennung, daß es Große gibt, daß sie uns wirklich in unserer geschichtlichen Entwicklung bestimmen und bestimmt haben, entsteht zweierlei: Sie lenkt das Bewußtsein ab von der eigentlichen Natur des Menschen, und zugleich »hilft« sie den Menschen, ihrer Hilflosigkeit und Verzweiflung zu entkommen. Das macht sie zum Werkzeug jener, die nach »Größe« streben.

Geschichte, so wie wir sie in der Schule lernen, entfernt von der Wahrheit um den Menschen.

Wir lernen zu akzeptieren, weil es unserem Bedürfnis nach Selbstverleugnung entspricht, daß Größe die Triebkraft unserer »Entwicklung« ist. Wir sind so sehr davon überzeugt, daß wir sogar bereit sind, uns schuldig zu fühlen, der Entwicklung wegen. Um der Entwicklung willen lassen wir die Zerstörung der Natur zu. Entwicklung heißt Größe, und für Größe opfern wir alles, denn nur »Größe« rettet ein unbedeutendes Selbst.

Die Wahrheit, die von der »Geschichte« vertuscht wird, ist die Wahrheit über die Natur des Menschen. Hinter dem Trieb nach Größe steht jedoch die Unfähigkeit, mit Hilflosigkeit umzugehen. Und diese Unfähigkeit läßt das Schamgefühl verkümmern. Menschen, die fähig sind, sich zu schämen, werden aus Großmannssucht weder die Natur noch das Leben mißachten. Der Schlüssel zur menschlichen Natur liegt deswegen nicht im Schuldgefühl, sondern in der Scham darüber, daß Menschen im Namen des Menschseins das Leben zerstören.

Der Holocaust wirft die Frage auf: Wie konnten *Menschen* etwas tun, so daß sich sogar Gott entfernen mußte? George Steiner schrieb: »Die Vernichtungslager, die Aschenhügel sind Ausdruck davon, daß es kein Abkommen zwischen Gott und Mensch mehr gab. Der Gott, der *nicht* in Auschwitz oder Belsen war...«[1]

Es war nicht nur das Leben, das verbrecherisch zerstört wurde. Der Haß, der dieses Zerstören antrieb, richtete sich gegen das Transzendentale in uns, unsere Fähigkeit, nicht Maschine, sondern individuelle Wesen zu sein. Nicht Summierung von Teilen, sondern kreative Integration ist das Kennzeichen des Menschseins.

Das Ungeheuerliche des Holocausts war die Rache derer, die das Menschsein haßten, eine Rache gegen die Individualität, die auszurotten sie sich berechtigt fühlten. Menschen wurde ihr Name genommen und durch eine Nummer ersetzt. Individualität sollte ausgelöscht werden. Der Mensch wurde zum Besitz, durch den das Selbstwertgefühl des Besitzers erhöht werden sollte. Dieser Art von Magie verfällt ein Täter ohne Person, und er muß seine Opfer zu *Un*personen machen, um sich selber fühlen zu können. Nur ein Opfer fühlt die bodenlose Verzweiflung, wenn das Ich, das noch Ich ist, auf kein Echo stößt.

Paul Celan schrieb in seinem Gedicht ›Psalm‹[2] die Verse:

> Niemand knetet uns wieder aus Erde und Lehm,
> Niemand bespricht unseren Staub.
> Niemand,
> ...
> Ein Nichts
> waren wir, sind wir, werden
> wir bleiben, blühend:
> die Nichts-, die
> Niemandsrose.

Das sollte der Grund sein für unsere Scham. Und solange wir das nicht tun, weil uns der »Fortschritt« blendet, wird die »Geschichte« sich wiederholen. Menschen, die Menschen zum Eigentum oder zur Funktion reduzieren, hat es immer gegeben. Tschingis Aitmatow schildert in der Erzählung ›Ein Tag länger als ein Leben‹[3] eine solche Entwicklung an den Mankurts, Sklaven des Juanjuan-Stammes in der Say-Osek-Steppe. Durch ein sadistisches Vorgehen wurden sie um das Bewußtsein ihres Ichs gebracht, wußten nicht, wer sie waren, woher sie stammten, erinnerten sich nicht an die Kindheit, nicht an Mutter oder Vater. Aber ihr Leben hatte noch Wert, und deswegen wurden die Bedürfnisse ihres Leibes anerkannt.

Das Auslöschen eines Wesens zu einem Nichts gehört zum Speziellen der Nazientwicklung. Es geht hier nicht nur um Barbarismus. Es geht hier um den Grad der Verkommenheit der Täter als Ausdruck einer ganzen Epoche, ihrer herrschenden Clique und ihrer Mitläufer. Nur das Mörderische zu sehen bedeutet, die Steigerung nicht zu sehen, die Steigerung der Rache der Liebesunfähigen gegen das Menschsein. Die Steigerung des Selbsthasses wurde in Deutschland durch die Nazis zur Blüte getrieben. Selbsthaß führt dazu, andere zu reduzieren, um durch Rache am Menschsein ein eigenes Sein zu erhalten.

Jean-Paul Sartre[4] schrieb 1946 in seiner Arbeit über den Antisemitismus: Wenn man einen anderen seiner Identität beraubt, gelangt man ohne Anstrengung und Mühe zu einer eigenen, falschen Identität. Sartre sah aber nicht, daß das Auslöschen der *Person* im anderen für den Zerstörer bedeutet, am Leben zu sein.

Menschen, die ihr Lebensgefühl aus Unterdrücken, Besitzen und Herrschen beziehen, bestimmen die Geschichte. Mir scheint, daß Geschichte ein mühsamer Kampf zwischen den lebensverbundenen und den zerstörerischen Kräften der Nichtgeliebten ist. Geschichte als dialektischer Vorgang spiegelt nicht einfach Entfaltung wider.

In bezug auf menschliche Entwicklung ist die Idee einer angehenden moralischen Entwicklung von Urzeiten her ein Mythos. Er dient dazu, unsere moralischen Defekte zu verdecken und zu schönen. Die Behauptung von *menschlicher* Primitivität unserer Vorfahren hat keine Basis. Der Mensch trägt von Geburt an alle Fähigkeiten in sich, die über sein Sein entscheiden. Entweder seine Empathie wird zum Kern seines Seins, oder er wird ihr dauernd entkommen wollen. In diesem Sinne ist menschliche Entwicklung immer die *Geschichte der Schädigung* seiner Anlagen.

Menschlich zu werden ist relativ einfach. Es ist das Böse im Menschen, das eine komplizierte Entwicklung braucht. Brecht sagte einmal: »... wie anstrengend es ist, böse zu sein.« Der Mensch, der mit seinem Inneren in Verbindung bleibt, ist ein integrierter Mensch und handelt auch danach. Der nach außen verlagerte Mensch hat ein gespaltenes Bewußtsein und eine gespaltene Wahrnehmung. Sein Wirken wird immer gegen das Ganzheitliche gerichtet sein und trotz des technischen Fortschritts gegen das Leben verstoßen.

Wie schon betont, ist die Empathie der ursprünglichste Weg der zwischenmenschlichen Kommunikation. Forschungen auf dem Gebiet der Neurologie[5] zeigen genau diesen Zusammenhang: Das Erlernen der Sprache bringt abstrakte, unverbalisierte Denkvorgänge mit sich, die unsere empathischen Wahrnehmungen verdrängen und zerstören. Erst mit einer Sprachhemmung, ausgelöst von einer Gehirnschädigung, kommen Menschen auf ihre früheren Wahrnehmungsmöglichkeiten zurück.

Da die rechte Hirnhälfte für die Integration der Gefühlserlebnisse und die linke für das logische Denken zuständig ist, findet sich dieser Zusammenhang zwischen kulturell bestimmter Wahrnehmung und empathischem Grundgefüge bei vielen neurologischen Patienten. Martin Keller, ein Schweizer Neuropsychologe, schildert seine Erfahrung mit Patienten, die an einer strukturellen Spaltung der Gehirnsphären leiden, so: »Die linke Seite versteht nicht, was die rechte wahrnimmt. Wenn das spontane Emotionale nicht ins logische Schema paßt, muß es immer noch im Rahmen des schon programmierten Denkens erfaßt werden.«[6] Keller äußert die Vermutung, daß bei diesen Menschen gerade die rechte Hirnhälfte von einem Schlaganfall betroffen wurde, weil die hier angesiedelten emotionalen und spontanen Wahrnehmungen sie am meisten quälten. Meine Arbeit mit solchen Patienten bestätigt die Schlußfolgerung, daß rigide Denkweisen und Charakterstrukturen einen Schlaganfall begünstigen.[7] Die Verdrängung des Empathischen ist auch Bestandteil unserer geschichtlichen Entwicklung.

Geschichte kommt durch die Interaktion derer zustande, die Territorien, die Natur oder andere Menschen erobern müssen, um sich zu bewahren, und derer, die an falschen Göttern hängen, um sich ihren Zusammenhalt zu sichern. Anders gesagt: Die einen lehnen in ihrer Großmannssucht jegliche Verantwortung für ihre Mitmenschen ab, und die anderen haben keine Kraft für Verantwortung, weil sie das Böse benötigen, um sich ihm zu unterwerfen.

Diese zwei Gruppierungen, miteinander vernetzt, sind die Motoren für Gewalt in der menschlichen Geschichte. Sie bewegt nicht der Fortschritt, sondern das Anti-Leben. Die Menschen, die noch ihrem Inneren und dem Leben gewidmet sind und die Negativität eindämmen, verleihen der Geschichte den Anschein des Fortschritts. Da das Anti-Leben immer in Bewegung sein muß, um sich lebendig zu fühlen, entspricht sein »Erfolg« nicht der zahlenmäßigen Verteilung in der Bevölkerung. Erich Fromms ›Empirische Untersuchungen zum Gesellschafts-Charakter‹[8] lassen Rückschlüsse über ihre Verbreitung zu.[9] Die »Normale Kurve« macht die Verteilung jeglicher Lebewesencharakteristik deutlich.[10]

Die Standardabweichungen solcher Charakteristika verteilen sich auf eine Art, so daß ungefähr zwei Prozent der Bevölkerung ins Extremfeld fallen und vierunddreißig Prozent sich um den Mittelwert dessen, was gemessen wird, gruppieren. Fromms Untersuchung des Gesellschaftscharakters eines mexikanischen Dorfes fand heraus, daß fünf Prozent dominant destruktiv waren, sechzehn Prozent dominant autoritär. Dies stimmt mit dem überein, was man statistisch auf der Basis der generellen Verteilung durch die Pearson Curve erwarten würde, also die ersten zwei Abweichungen (zwei Prozent plus vierzehn bis sechzehn Prozent). Wenn wir dies extrapolieren auf die Bevölkerung in Gesellschaften, die Herrschen und Besitzen fördern, dann können wir erwarten, daß sechzehn Prozent der Bevölkerung zum Anti-Leben gehören und durch Nicht-Liebe geformt wurden.

Fromm beschreibt die autoritär-ausbeuterischen Dorfbewohner in seiner Studie als Menschen, die das Leben erleben wie »einen Dschungel, wo (sie) andere fressen müssen, um nicht selbst gefressen zu werden«. Außerdem fand er, daß ihr Narzißmus sie davor bewahrte, sich über ihre ausbeuterischen Motive gegenüber den anderen Dorfbewohnern klarzuwerden. Sie glaubten, daß positive bewußte Werte ihren eigentlichen Handlungsweisen zugrunde lagen.[11] Es unterstützt meine These, daß Fromm auch zwei Gruppierungen innerhalb der ausbeuterischen Gesamtheit fand. Die dominant ausbeuterischen, die er »produktiv« nannte, und die sekundär ausbeuterischen Bewohner. Diese nannte er nichtproduktive. Die ersteren sind die Führer, die Unternehmer, die die anderen lenken.[12]

Diese mehr oder weniger sechzehn Prozent stehen also anderen sechzehn Prozent auf der durch Liebe geformten Skala gegenüber. Die ungefähr vierundsechzig Prozent in der Mitte sind das Ziel der dem Leben sowie dem Anti-Leben Verpflichteten. Sie sind die, deren Umwerbung das politische Leben kennzeichnet.

Das Paradox ist, daß die, die am meisten gegen das Leben verstoßen, so oft zu Göttern erkoren werden, zu den falschen.

Die menschliche Sucht nach Erlösern ist so alt wie die Geschichte der Menschheit und so alt wie die Lieblosigkeit, die gewalttätig macht. Solange wir aber das Zerstörerische und Lieblose in uns nicht erkennen, solange wird die Verachtung und der Haß auf das

Leben, das dieses Verneinen fördert, für politische Zwecke mißbraucht werden.

Falsche Götter sind beides: Zeugnis wie auch Erzeuger einer vergeblichen Suche nach einer Identität, die uns rettet. Solange wir uns der uns umgebenden Lieblosigkeit nicht wirklich stellen, solange werden wir zu keiner eigenen, in uns ruhenden Identität gelangen. Ist dies der Fall, muß Identität auf einem äußerlichen Gehege basieren: Rollenspiele und zur Schau getragene Haltungen, in denen das Posieren von Gefühlen und Werten an die Stelle einer inneren Identität rückt. Dadurch werden Menschen in eine Abhängigkeit von äußeren Strukturen getrieben – wie Status, Besitz, Ordnung, Pflicht und Gehorsam. Wenn diese Strukturen durch ihre Eigendynamik ins Wanken geraten, brechen die Menschen auseinander, die ihre Identität darauf aufgebaut haben. Das ist der Nährboden, der falsche Götter nicht nur zuläßt, sondern begünstigt! Das Göttliche, das Erlösende, das Menschen suchen, wird außerhalb eines eigenen Seins gesucht.

Jakob Böhme schrieb: »Darum sehe ein jeder zu, was er thut! Es ist ein jeder Mensch sein eigener Gott... Er formet (ihn) in seinen Willen selber ein Centrum zu seinem Sitze...«[13] Er verstand, daß Gott nur da Eintritt halten kann, wo der Mensch sein Selbst hat. Gott und Selbst stehen in einer Wechselbeziehung, die auf Ebenbürtigkeit baut. (Das ist nicht dasselbe wie Gleichsein!)

Wenn aber die Suche nach Erlösung davon bestimmt ist, daß man den eigenen Kern der erlebten Lieblosigkeit und Gewalttätigkeit leugnen möchte, dann kann das eigene Selbst nicht gefunden werden. Man sucht dann einen Erlöser, um von den Folgen der eigenen Selbstverachtung und des Selbsthasses befreit zu werden. Das definiert die Entwicklung und den Werdegang der falschen Götter.

Diese hat es immer gegeben, und immer haben sie die Menschheit in die Katastrophe geführt: Robespierre, Napoleon, Bismarck, Hitler, Mussolini, Stalin, J. F. Kennedy, L. B. Johnson, R. Nixon, R. Reagan, M. Thatcher, Saddam Hussein, Mengistu Haile Mariam von Äthiopien sind nur einige Beispiele dafür.

Es geht in dem Buch um beides: um die, die Erlöser benötigen, und um jene, die sich zu falschen Göttern erheben. Und beide sind eingebettet in gesellschaftliche, politische wie auch ökonomische Strukturen, die verhindern, den Teufelskreis ihrer Verletzung zu durchbrechen.

Mein Versuch ist es, einen Ansatzpunkt zu finden, der diesen Teufelskreis durchbrechen kann. Ohne die Bedeutung der Umstrukturierung der gesellschaftlichen Formen leugnen zu wollen, benutze ich einen anderen Hebel: einen, der im Grunde genommen sich auf die Analyse der Bedingungen, unter denen Liebe entsteht, stützt. Wird diese Fähigkeit zur Liebe früh gebrochen, entstehen Menschen, die nie zu sich selber finden werden.

Die Lehre Christi ist hier unausweichlich, denn sie zeigt uns das, was uns durch Liebe möglich ist. Dadurch diagnostiziert sie auch, worum es geht, wenn die Liebe verzerrt wird, Tschingis Aitmatow hat diese Diagnose ganz einfach, aber genau in einem imaginären Gespräch von Jesus mit Pontius Pilatus dargestellt. In seinem Roman ›Der Richtplatz‹[14] sagt Jesus: »Du hast... vorerst keinen Bedarf, römischer Herrscher, du erduldest keine Leiden und hast kein Verlangen nach einer anderen Lebensweise. Die Macht ist dein Gott und Gewissen. Daran hast du aber keinen Mangel. Und Höheres gibt es nicht für dich.«

Aus diesem Grunde werde ich mich viel mit der Liebe beschäftigen. Denn das Problem unserer Unfähigkeit, richtig und ganz zu lieben, Angst zu haben, Liebe anzunehmen wie auch die Nähe eines anderen zu tolerieren (obgleich wir glauben, sie zu wollen), all dies ist untrennbar verbunden mit dem Problem der Sucht nach falschen Göttern und nach Erlösung.

Das Schicksal der Entwicklung der Liebe in unserer Kultur wird so zum Grundstein und zum Ausgangspunkt meiner Analyse werden.

Die Schuld wird zur »Rettung«

Wir alle wollen Liebe. Tatsächlich aber gehen viele lieblos mit sich selbst und anderen um. Trotzdem wollen auch sie Liebe. Andere dagegen lehnen dieses Bedürfnis ab. Manche hassen sich selbst oder andere dafür. In dem Maße, wie das Bedürfnis nach Liebe zu einem Verhängnis für den einzelnen wird, gefährden solche Menschen uns alle. Sie lassen uns nicht in Frieden. Sie stiften Unruhe, um sich aus der Hoffnungslosigkeit ihrer Lage zu befreien.

Diese Menschen spüren im Destruktiven und Tödlichen ihre Form der Lebendigkeit. Nicht Liebe, sondern Haß läßt sie sich selber spüren. Jakob Wassermann[15] beschrieb dieses Problem schon in den dreißiger Jahren in seinem Roman ›Christian Wahnschaffe‹. Der Mörder Nils Heinrich Engelschall kann sich nur dann groß vorkommen und sich erleben, wenn er etwas Heiliges und Reines packt, um es niederzuzwingen, auszulöschen und zu zerschmettern. Denn derjenige, der lieblos aufwächst, fühlt sich klein und bedeutungslos.

Um sich auf diese Art spüren zu können, muß ein solcher Mensch dauernd in Bewegung sein. Die Bewegung selber verleiht den Anschein wahrer Lebendigkeit. Immerzu sind sie von etwas Neuem getrieben, darin sehen sie ihre Lebensquelle. Die römischen Gemetzel im Kolosseum und die politischen und sportlichen Massenveranstaltungen unserer Zeit sind Ausdruck dieser Art von Lebendigsein.[16]

Wir wollen es nicht wahrhaben, aber es ist die Lieblosigkeit, die uns gewalttätig macht. Weil wir das Zerstörerische und das Lieblose in uns vereinen, können Verachtung und Haß auf das Leben für politische Zwecke mißbraucht werden. Die Securitate-Truppen von Nicolaie Ceaușescu, die auf grausamste Art und Weise gegen das rumänische Volk vorgingen, wurden aus ehemaligen Waisenkindern rekrutiert.[17] Gezielt wurden jene, die vom Liebesentzug sehr früh entstellt waren und Hoffnungslosigkeit zutiefst erlebt hatten, zum Töten erzogen. Und das von Menschen, die unter dem Deckmantel der väterlichen Liebe Kinder verachteten.

Liebe und Haß sind eng miteinander verbunden. Der, der sich selber liebt, wird andere lieben können und nicht dem Haß verfallen. Doch der von Haß Getriebene, auch wenn er sich dessen nicht bewußt ist oder ihn verneint, wird nicht lieben können. Solch ein Mensch mag von Liebe sprechen und sich ihr sogar ergeben denken, aber seine »Liebe« wird alles, was lebendig ist und wächst, verzerren. Tief verbunden mit diesem Haß ist die Verachtung für das Leben.

Menschen, die keine Liebe erlebt haben, können sich nicht selber lieben und empfinden sich deshalb als ungenügend und unbefriedigend. Dennoch sind wir verwirrt, wenn es darauf ankommt, Liebe zu erkennen. Unsere Kultur fördert eine gesellschaftliche Sicht, die den Zugang zum eigentlichen Sachverhalt der Liebe verschleiert, die die Wahrheit unseres Gefühlslebens verdreht. Wir leben in einer Kultur des Rollenzwanges. Wir sehen und empfinden uns als liebend, ohne daß eine echte Forderung zu lieben tatsächlich besteht. Im Gegenteil, das Menschsein wird nicht gefördert.

Zum Beispiel: Mütter und Väter glauben sich in der Rolle liebender Eltern, weil sie ihre Kinder als Wunschkinder bezeichnen. Wer diese Auffassung als Ausdruck tatsächlicher Liebe in Frage stellt, verstößt gegen die gesellschaftliche Sicht der Idealisierung der Mutter-Vater-Kind-Beziehung.

In Wahrheit jedoch, wie es die finnische Psychologin Pirkko Niemelä in einer Studie[18] zeigt, wird diese idealisierende Mutter-Kind-Vorstellung (das Wunschkindimage) gerade von denen propagiert, die ihre negativen Gefühle dem Kinde gegenüber nicht sehen wollen, aus Gehorsam zum Bild, das die Gesellschaft von einer »guten« Mutter vermittelt. Das isoliert die Mutter von ihren wahren Gefühlen und von den Gefühlen ihres Kindes. Je verzweifelter sie sich in ihrem Innern fühlt, desto weniger wird sie sich das selber wissen lassen. Das Resultat für solch eine Mutter und ihren Ehepartner ist eine Flucht nach vorne, wodurch Überzeugung zur Bestätigung dieser selbstisolierenden Position führt. Sie läßt keinen Spielraum für die ambivalenten Gefühle, die in jeder Mutter-Kind-Beziehung ganz natürlich entstehen. Das wiederum verstärkt die Mutterisolierung, die ohnehin schon in jeder industriellen Gesellschaft gefördert wird. Aber das Image einer fröhlichen Mutter-Kind-Beziehung wird nicht nur Teil der Wirklichkeit, sie wird zur einzigen erkannten Realität. Das macht den Zugang zu den wirklichen Vorgängen fast unmöglich, da dieses Image mit aller Kraft und Gewalt verteidigt werden muß.

Wenn ein solches Mutterimage an die Stelle wirklicher Gefühle tritt, erkennen die Eltern die Gefühls- und Bedürfnislage ihrer Kinder nicht mehr. Die Folgen für das Bewußtsein von unserem Liebes- und Wärmebedürfnis sind irreparabel.

In sogenannten »primitiven« Gesellschaften dagegen erlaubt die Kultur in Ritualen und Zeremonien den Ausdruck ambivalenter Gefühle und komplexer Phantasien.[19] Indem unsere Kultur es dem Mann erschwert, sich um Mutter und Kinder emotional zu kümmern, wird dieser mütterliche Idealisierungsvorgang verstärkt. Mehrere Studien[20] zeigen, daß da, wo Mütter mit ihren Ehemännern tatsächlich ihre wahre Gemütslage teilen können, diese Verneinung der Ambivalenz weniger Raum im Selbstbild einnimmt.

Im Gegensatz zu anderen Gesellschaften wie zum Beispiel den Yequena von Venezuela oder den Montagnais-Naskapi vom früheren Quebec,[21] die ihre Kinder in ihrem Sein völlig akzeptieren, nicht versuchen, ihre Gefühlswahrnehmungen zu programmieren, werden unsere Kinder in die Abhängigkeit gestürzt: Je mehr sie körperlich und seelisch als Kinder aufwachsen, desto mehr werden sie im Namen ihres »Kleinseins« unterdrückt.

So erfahren unsere Kinder zum Beispiel schon in den ersten Lebensmonaten, daß ihre eigenen empathischen Wahrnehmungen von den Erwachsenen als kindisch, unerfahren, unrealistisch, gefährlich abgetan werden. Tatsächlich jedoch sind Kindeswahrnehmungen äußerst reif und nur durch den Sozialisierungsprozeß täglich behindert.[22] Der »put down«, das heißt die Erniedrigung, die Demütigung unserer Kinder, mit der Eltern oft unbewußt ihren eigenen Selbstwert stärken, ist in den alltäglichen zwischenmenschlichen Beziehungen unserer Gesellschaft eine Grundregel. Sie ist Bestandteil des Drucks, dem wir alle ausgesetzt sind und der uns dazu führt, uns dem gleichförmigen, sozialen Verhalten, Denken und Fühlen zu ergeben. Dieser Druck kommt von allen Seiten, von Eltern, Geschwistern, Priestern, Politikern, überhaupt von all denen, deren Träume vom »lebendigen Wesen« erstickt worden sind.

Ein Beispiel aus der psychotherapeutischen Praxis: Ein Patient erzählt, wie er als kleiner Junge auf seine schluchzende Mutter zuging, um sie zu umarmen und zu trösten. Sie hatte gerade einen schrecklichen Streit mit dem Vater gehabt. Sie lehnte jedoch die Liebe und seine Wahrnehmung ihrer Verletzung und Verzweiflung ab und wies ihn empört zurück: »Was fällt dir denn ein!« schrie sie ihm ins Gesicht. Bis ins Erwachsenenalter hinein hielt er sich in seiner Wahrnehmung von der Not anderer für dumm und schwach. Der Konformismus, die Unterwerfung unter die »Realität« durch den herrschenden anderen, fordert einen hohen, wenn auch unbewußten Preis. Wenn nämlich die empathischen Wahrnehmungen eines Kleinkindes nicht den programmierten Wahrnehmungen der Eltern/Gesellschaft entsprechen, wird die Diskrepanz zwischen den zwei Welten (die des Kindes und die der Eltern) zum »Fehler« des Kindes. Indem das Kind die Diskrepanz zum eigenen Fehler macht, erhält es sich paradoxerweise am Leben. Denn von Eltern abgelehnt zu sein, sich nicht geliebt zu erleben, das bedeutet, der Hoffnungslosigkeit ausgeliefert zu sein.

Jeder hat das verzweifelte, leere und öde tönende Schreien von Kindern im Ohr, das Einsamkeit und ungestilltes Verlangen ausdrückt. Aber wir verschließen uns, weil es hieße, unser eigenes untolerierbares Leiden von damals wieder zu erleben. Und so stellen wir uns sogar gegen das Kind. Sein Ausdruck der Aussichtslosigkeit wird damit abgetan, daß ihm ja in »Wirklichkeit« nichts fehle. Aber für das Kind ist es gleichbedeutend mit dem Tod.

Ein Patient sprach über die Todesangst, die er als Kind empfand: »Allein im Bett zu sein und zu schreien, für mich war es, wie lebendig begraben zu sein. Man kann an die Wände klopfen, und es kommt niemand. Man wird für immer, für ewig allein sein.« Mit diesem schrecklichen Abgrund kann ein Kind nicht leben. Es kann sterben, sich von der Welt entfernen und auf selbststimulierende oder autistische Weise weiterleben[23], so daß es die Eltern nicht braucht – oder es wird die Verantwortung für sein Elend selber übernehmen. Denn nur so kann es mit der Lieblosigkeit der Mutter und/oder des Vaters weiterleben. *Und,* es muß hier betont werden, weil die Eltern nicht wissen, was sie tun, wird die schreckliche Lage des Kindes noch vertieft.

Verantwortung – das heißt Schuld – zu übernehmen *ist* die einzige Möglichkeit, mit der ein Kind der durch Lieblosigkeit von Mutter oder Vater in ihm erzeugten Leere begegnen kann, um weiterzuleben. Das macht nicht nur die unannehmbare Lieblosigkeit annehmbar, sondern es kehrt zugleich das Unannehmbare um.

Denn wenn ein Kind die Ursachen für den Mangel in sich finden kann, entsteht die Möglichkeit, seinen hoffnungslosen Zustand von sich fernzuhalten und sein Schicksal durch große Anstrengung in den Griff zu bekommen. Es entwickelt sich eine eingebildete Macht, Kontrolle über das eigene Leben zu haben, parallel zur Angst vor dem immer lauernden Abgrund der Hoffnungslosigkeit und Schuld.

Der Preis für diese Entwicklung ist der Haß auf das eigene Sein, das nun für immer die Schuld für die Lieblosigkeit übernommen hat. Die Lieblosigkeit der Eltern wird verinnerlicht als Klage gegen das eigene werdende Selbst.

Das passiert sogar dann, wenn ein Kind bewußt daran denkt, sich von der Mutter zu trennen. Ein Patient erinnerte sich in der Therapie, wie er plötzlich seine Mutter als böse erlebte. Sie schickte ihn in einen Wald, der voller Granaten war, um Beeren zu pflücken, sie warnte ihn sogar, weil ein Nachbarskind von einer Granate zerrissen wurde. In diesem Moment erlebte er die Mutter als tödlich, obgleich er sich gleichzeitig, völlig abgespalten von dieser Wahrnehmung, weiter an ihre »Liebe« klammerte. Er verachtete sich, weil er in einem Teil seiner Seele ihre »Nicht-Liebe« als gerechtfertigte Reaktion auf seine Unvollkommenheit sah. Was ins Unbewußte verdrängt wurde, war das verzweifelte Bedürfnis des Kindes, doch einmal von dieser Mutter bestätigt zu werden.

Henry Miller formulierte es so: »Draußen, für immer draußen! So sitzen wir auf der Schwelle des Mutterschoßes... Wir brauchen den Trost und die Sicherheit ihres Schoßes, jene Dunkelheit und Behaglichkeit, die für den Ungeborenen den Ersatz für die Erleuchtung und Bejahung des wahrhaft Geborenen darstellt...«[24]

Die Grundspaltung

Solch eine Entwicklung teilt sich in zwei entgegengesetzte Richtungen, die für die Menschheit schreckliche Folgen haben. In der einen ringt ein Kind (später Erwachsener) dauernd mit dem Verinnerlichten. Es versucht verzweifelt, sich zu bessern, den Wünschen der Eltern bewußt oder unbewußt zu entsprechen, ohne die Hoffnungen auf das eigene, autonome Selbst aufzugeben. Aber immer wieder erlebt es sein Versagen durch seinen Gehorsam gegenüber den negativen Erwartungen seiner Eltern. Indem es jedoch versagt, entspricht es ihren negativen Erwartungen. Nur so kann es sie und sich vor der Wahrheit ihrer mangelnden Liebe retten.

In der anderen Entwicklung wird der Haß und die Verachtung auf das Selbst nach außen projiziert. Hier entsteht jene Abspaltung von dem eigenen gehaßten Selbst, die Feinde notwendig macht, um mit sich selber leben zu können.

Die einen entwickeln sich zu den »seelisch Kranken« unserer Gesellschaft, denn sie leiden und »belästigen« uns damit. Die anderen dagegen, weil sie sich dem Diktat ihrer Eltern anpaßten und gleichzeitig den inneren Haß auf einen Feind nach außen lenken, kennen weder Unruhe noch Leid, noch Zweifel. Im Gegenteil, da der Feind sie vor dem Erleben der inneren Unbehaglichkeit bewahrt, werden sie dem entsprechen, was die Gesellschaft als gesund idealisiert.

Das sind die Extreme dieser Entwicklungen. Dazwischen gibt es verschiedene Mischungen zwischen seelisch krank und angepaßt.

Die Angepaßten müssen, um die eigene Krankheit zu vermeiden beziehungsweise zu unterdrücken, dauernd mit einem Feind ringen. Und da gibt es viele von der Gesellschaft gebilligte Vorbilder, die zur Verfügung stehen: Juden und Ausländer zum Beispiel, auf die das, was man in sich selber haßt, die eigene zurückgewiesene Menschlichkeit, als Feindbild projiziert werden kann. Außerdem können die Kraft und die Energie des Hasses in ein Ringen nach außen gewandelt werden, getrennt vom Bewußtsein und Erleben seiner Quelle. Die Psychoanalyse nennt das Sublimation und verschleiert damit den destruktiven Ursprung in der Unterwerfung.

Aber ob sich der Haß direkt oder sublimiert ausdrückt, Außenlenkung führt zur Steigerung des nach außen gelenkten Seins und zur Notwendigkeit, den Feind (oder das, was ihn symbolisiert) zu besitzen, zu beherrschen, um ein Ringen mit sich selbst zu vermeiden. Alles, was zum Inneren führen könnte, wird verpönt, und sich wirklich selber besitzen zu können, bei sich zu sein, wird unmöglich.

Eugene O'Neill, der amerikanische Dramatiker und Nobelpreisträger, schilderte diesen Prozeß in seinen politischen Ausläufern der geschichtlichen Entwicklung der USA: Amerikas »zentrale Idee gleicht dem fortwährenden Spiel, die eigene Seele durch den Besitz von etwas zu besitzen, was außerhalb ihrer Grenzen liegt; dadurch verliert man aber die eigene Seele und das Eroberte«.[25] Dieser Vorgang führt zu einer Selbsttäuschung, die darin liegt, daß man tatsächlich die Macht entwickeln kann, um der Unzulänglichkeit durch Selbsthaß und Selbstverachtung zu entkommen. Und so jagen Menschen einer vorgetäuschten Stärke nach, einer halluzinierten Stärke,[26] weil sie glauben, daß man durch das Besitzen, das Herrschen, das Unterdrücken sich Sicherheit schaffen könnte. Und im Grunde ist diese Sicherheit das Bedürfnis nach Liebe, die man nie erhielt. Diese Jagd aber entstellt die Liebe nicht nur, sondern rückt sie auch für immer in unerreichbare Ferne.

Da das Projizieren von inneren Gefühlszuständen nach außen innere Spannungen reduziert, versetzen uns jene, die unsere Welt mit Feindbildern füllen, in einen Zustand der Bedrohung. Viele von uns nehmen diese Art von Paranoia als echte Wahrnehmung und Kommunikation an, weil solche Menschen, die nicht mit sich selber ringen und deswegen keine Gefühle von Zweifel und Verantwortung haben, auch keine Unsicherheit ausstrahlen. Das erlöst nun jene, die selber voller Unsicherheiten sind und Unsicherheit als Krankheit abtun.

Die Notwendigkeit der Feindbilder

Die Grundkrankheit der Menschheit kreist um jene, die ihre Persönlichkeitsstrukturen nur durch Feindbilder aufrechterhalten können und ihren Selbsthaß, ihre Unsicherheit und ihre Verantwortungslosigkeit dem eigenen Sein gegenüber verdecken. Ich spreche hier nicht von denen, die im psychiatrischen Sinn paranoid sind, sondern von jenen Angepaßten, die genau wissen, wie sie sich den gesellschaftlichen Normen gegenüber zu verhalten haben. Die wirklich Kranken ringen mit sich selbst, diese jedoch nie. Im Gegenteil, anstatt Verantwortung für die eigenen Bedürfnisse und Motivationen zu entwickeln, verfolgen und zerstören sie das Lebendige und Liebende als böse.

Klaus Barbies Eingeständnis,[27] als er zur Folterung und Ermordung des französischen Widerstandskämpfers Jean Moulin befragt wurde, bekommt in diesem Zusammenhang Bedeutung. Er sagte: »Als ich Jean Moulin verhörte, hatte ich das Gefühl, daß er ich selbst war.« Je mehr er in Jean Moulin sein eigenes, zurückgewiesenes, rebellisches und menschliches Selbst erkannte, um so mehr mußte er ihn – also sich – hassen und töten. Solche Menschen müssen foltern und töten, um den Selbsthaß nach außen zu lenken.

Es gibt unterschiedliche Steigerungen des Selbsthasses und unterschiedliche Notwendigkeiten für die Aufrechterhaltung der eigenen Persönlichkeitsstrukturen durch Feindbilder. Barbie verhielt sich in seiner Jugend, geprägt durch die religiöse Ausrichtung seines katholischen Elternhauses, konform. Erst als das bürgerliche Gefüge der gesellschaftlichen Strukturen mit dem Tod des Vaters, der ein gewalttätiger Trinker war, auseinanderfiel und eine akademische Laufbahn nicht mehr in Frage kam, trat für ihn die Nazi-Ideologie an die Stelle der Frömmigkeit.

Da das Feindbild in eine aktive, gewalttätige Verhaltensform mündet, fällt es oft mit wirtschaftlichen, sozialen und/oder politischen Verunsicherungen zusammen. Das Auseinanderfallen des gesellschaftlichen Rahmens führt für den auf Anpassung Ausgerichteten zum Auseinanderfallen seiner Welt. Wenn das äußere Gefüge des Angepaßten auseinanderbricht, wird seine auf Gespaltenheit basierende Integration bedroht. Sein abgespaltenes Inneres gefährdet ein Bewußtsein, das nicht mit diesem Inneren verbunden ist. Solch ein Mensch braucht äußere Strukturen und Autoritäten, um ihn vom Eigenen, das er haßt, fernzuhalten. Um auf abgespaltene Art »integriert« zu bleiben, verstärkt sich in Zeiten der gesellschaftlichen Umwälzungen das Bedürfnis nach einem Feind. Der Autorität, die solch ein Feindbild zuläßt, wird er sich enthusiastisch ergeben.

Kriege nur ökonomisch und politisch zu erklären entfernt von der wirklichen Analyse. Kriege werden immer »notwendig«, wo Menschen die Fähigkeit verloren haben, andere Menschen als Wesen zu sehen. Der Vorgang im Menschen, der Feindbilder erzeugt, ist auf folgende Weise zu skizzieren: Wenn der wahre Feind – das heißt der schlechte Vater, die schlechte Mutter – nicht gesehen werden darf, weil sich das Kind ihrer »Nicht-Liebe« unterwarf, müssen die späteren Erwachsenen das Gegenbild zur schlechten Mutter und zum schlechten Vater hassen. Die gute Mutter, der gute Vater könnten in dieser Entwicklung die Bedürfnisse nach wirklicher Liebe erwecken und bringen sie so mit den wirklichen bösen Eltern in Gefahr! Die guten Eltern werden zum Feind, da sie die früheren Bedürfnisse nach echter Liebe auszulösen drohen.

Es ist das Menschliche im anderen, das man haßt, um das Erlebnis der schlechten Mutter und/oder des schlechten Vaters als gut zu verteidigen. Graf Moltke, ein Kämpfer gegen Hitler, schrieb in seinem Brief an seine Frau kurz vor seiner Hinrichtung: »Ich werde nicht getötet, weil ich dies oder das getan habe, sondern weil ich Christ bin.«

Diese Umkehrung von Liebe und Haß zeigt sich auf politischer Ebene immer wieder: Wir bewundern und unterwerfen uns gerade jenen, die die Menschheit am meisten verachten.

Indem das Menschliche zum Feind erklärt wird, verteidigen wir den Zusammenhalt eines Selbst, das sich von seinen Bedürfnissen nach echter Liebe entschieden getrennt hat. Kriege machen es möglich, den inneren Feind außerhalb des Selbst zu bekämpfen und sich dabei noch geheiligt zu fühlen. Was auch immer die äußeren Anstöße für Aggression sein mögen, Kriege vertuschen für den einzelnen, daß der Aufbau des Selbst auf einer Lebenslüge basierte. Die Grundlüge unserer Existenz besteht darin, daß wir die Verantwortung für die unzureichende Liebe unserer Eltern übernommen haben.

Und so suchen Menschen die Liebe, wo sie nicht existiert. Natürlich drückt das die Sehnsucht nach Liebe aus. Daß sie aber für so viele in weiter Ferne bleibt, hängt damit zusammen, daß sie sie fortwährend bei den Falschen suchen. Die daraus entstehende Verzweiflung treibt Menschen in einen Drang nach Erlösung. Die Unerträglichkeit einer lieblosen Existenz setzt Menschen den Versprechungen jener Demagogen aus, die mit falscher Liebe umgehen. Sie sind erfolgreich, weil wir wahre Liebe gar nicht ertragen können und der falschen nachjagen, mit der wir uns schon von früher Kindheit an selber täuschen.

Im Grunde macht wahre Liebe angst, weil wir uns der ursprünglichen Verhüllung der mangelnden elterlichen Liebe und überhaupt der der Mutter stellen müßten. Hier liegt die Quelle für unsere allgemeine Unfähigkeit, mit uns selber und unserer Welt realistisch umzugehen. Aber gerade diese Unfähigkeit wird als Realismus bezeichnet, weil sie uns davon abhält, uns mit der tiefsten Verzweiflung und dem tiefsten Schmerz unserer Vergangenheit zu konfrontieren.

Nochmals: die Lage des Kindes

Wir denken, wir wissen alles über Liebe. Das ist nichts anderes als ein Selbstschutz. Und deshalb mißtrauen wir jenen, die Liebe und Politik, Liebe und Geschichte, Liebe und menschliche Entwicklung in einen dynamischen beziehungsweise einen (einander) bedingenden Zusammenhang bringen. Nähmen wir diesen Zusammenhang an, wären wir offen für eine das eigene Selbst erschütternde Nachdenklichkeit, die nicht nur unser Verständnis und unser Wissen über Liebe in Frage stellte, sondern alles, was wir zu wissen glauben.

Das Ungeheuerliche unserer Gattung ist, daß wir unseren Feind zum Erlöser erwählen. Als Kinder können wir nicht überleben mit dem Wissen, daß die Liebe unserer Eltern mangelhaft ist. Das bleibt der unbewußte Grundsatz unseres seelischen Lebens. So lernen wir früh, *nicht* zu sehen, daß die, die uns zum Leiden bringen, weil sie uns die Liebe, auf die wir ein Recht haben, entziehen, die Ursache unseres Leidens sind. Der amerikanische Psychoanalytiker Harry Stack Sullivan[28] sagte einmal, daß nur *eine* positive Erfahrung genüge, um im Menschen den Drang nach der Wiederholung auszulösen. Mit Hilfe der Phantasie kann ein Kind entweder eine eigene Schuld für das elterliche Defizit übernehmen oder das Wunderbare des Erlebnisses aufrechterhalten.

Tania Blixen, die dänische Schriftstellerin, schildert diesen Vorgang aus ihrer intuitiven Tiefe heraus in ihrem traurigen und erschütternden Essay ›Das träumende Kind‹.[29] Hier überlebt ein der äußersten Armut und Lieblosigkeit ausgesetztes Waisenkind durch ein Gebäude lebhafter Phantasien: Es war das verlorengegangene Kind reicher und edler Eltern. Es träumte von ihrem Haus, ihrem Wesen und ihrer Liebe. Seine Pflegemutter dagegen war für ihn ein neutrales Faktum. Eines Tages wurde es von einem wahrhaft reichen und aristokratischen Ehepaar, das selber keine Kinder hatte, adoptiert. Das war die Erfüllung des Traumes. Als die künftige Mutter den kleinen Jungen abholte, strahlte sein Gesicht. »Jetzt darf ich wieder heim mit dir«, sagte er. Es war mit

Tania Blixens Worten »der Träumende, dessen Träume wahr wurden«.

»Die wahren Räume mit den Seidenvorhängen, die Süßigkeiten, seine Spielsachen und neuen Kleider, die Freundlichkeit und die Fürsorge seines Papas und seiner Mama, sie waren allesamt von größter Wichtigkeit, denn sie bewiesen die Wirklichkeit seiner Visionen... Aber in sich selbst waren sie fast bedeutungslos für ihn, sie hatten keine Macht, ihn zu halten.« Denn je mehr seine Phantasien Wirklichkeit wurden, desto mehr stiegen Leid und Schmerz seiner Vergangenheit in ihm empor. Jetzt konnte er den Schrecken der Grausamkeit und Lieblosigkeit nicht mehr entfliehen, und er fing an dahinzusiechen. »›Weißt du, Mutti‹, sagte er, ›daß in meinem Haus die Stiegen so finster und voller Löcher waren, daß man sich hinauftasten mußte und es das beste war, auf allen vieren zu krabbeln?‹ ›Aber‹, erinnerte ihn seine Mutter, ›dies hier ist dein Haus.‹ ›Ja‹, sagte er, ›dies ist mein schönes Haus. Aber ich habe noch ein anderes Haus, das gruselfinster und schmutzig ist. Du kennst es, du bist schon dort gewesen. Wenn die Wäsche aufgehängt wurde, mußte man sich auf dem ganzen Dachboden hindurchschlängeln, oder die riesigen, nassen, kalten Laken erwischten einen, als ob sie lebendig wären.‹ ›Oh, wie viele Ratten es da gab, Mama‹, sagte er, ›so furchtbar viele Ratten. Sie waren überall im Haus... Nachts sind sie mit übers Gesicht gelaufen... Wenn ich nicht mehr krank bin, werde ich zurückgehen und dir eine holen. Die Ratten mögen die Menschen mehr, als die Menschen sie mögen. Denn sie finden, daß wir gut sind und schön schmecken...‹« Er konnte der Wirklichkeit seines vergangenen Lebens nicht mehr ausweichen und starb.

Kindermythen und Märchen kreisen auch um diese grausamen Wirklichkeiten. Nur können die Grausamkeiten hier erlebt werden, ohne daß die wahren Quellen bewußt werden. Walter Scherf, ein außergewöhnlicher Forscher auf diesem Gebiet, nannte sie deswegen »Provokation des Grausigen«.[30] In Mythen, Märchen und Kinderspielen kann die Lieblosigkeit der Eltern als Grausamkeit gegenwärtig, zum Objekt gemacht, wiederbelebt werden, ohne den Schuldigen anzuklagen. Das Grausame wird überlebt, weil es durch Märchen wieder erlebt werden kann.

Ein Beispiel aus Scherfs Arbeit beleuchtet das eindrucksvoll: Das Kind ruft die Mutter voller Angst um Hilfe, sie aber hört nicht. »Mutter, der Brei brennt an. Ist denn keine Butter in der Pfanne?

Doch. Aber der Brei brennt trotzdem an. Rühr den Brei um, damit die Butter nach oben kommt. Mutter, der Brei brennt an!« Indem sie die Gefahr, die dem Kinde droht, nicht wahrnimmt, drückt sie die Unfähigkeit aus, auf die Bedürfnisse ihres Kindes eingehen zu können: Der Ruf ist jedoch verschlüsselt, das Kind kann ja nicht direkt um Liebe bitten. Das würde die Wahrheit enthüllen. Die Teilnahmslosigkeit der Mutter wird zur Schuld des Kindes. Aber im Unbewußten wissen diese Kinder der Märchen, um was es geht.

Das wirkliche Leben ist anders. Cordelia Edvardson gibt uns in ihrem erschütternden Lebensbericht ›Gebranntes Kind sucht das Feuer‹[31] eine Darstellung dieser die Liebe verdrehenden Vorgänge. Gleichzeitig zeigt sie, wie das Vertuschen nicht nur das Image der Mutter aufrechterhält, sondern wie ein Kind sein eigenes Selbst für immer von wirklicher Liebe fernhält:

»Man stelle sich folgende Situation vor: Eine Mutter erhält eines Tages ein Schreiben, sie solle sich gemeinsam mit ihrer vierzehnjährigen Tochter auf einer Behörde einfinden. Dort wird dem Mädchen eröffnet, die Mutter habe eine Adoption der Tochter arrangiert, um die Gesetze zu umgehen, was als Hochverrat betrachtet werden müsse. Falls das Mädchen jedoch bereit sei, sich den geltenden Bestimmungen zu unterwerfen, werde man der Mutter nichts tun. Das Mädchen schaut der Mutter in die Augen – und unterschreibt. Eine gute literarische Vorlage, wenn es sich nicht um die schreckliche Wahrheit handelte. Denn die Behörde ist das Hauptquartier der Gestapo, die Mutter die Schriftstellerin Elisabeth Langgässer und die Tochter Cordelia Edvardson, unehelich geborene ›Dreivierteljüdin‹, die nach dieser Unterschrift einen Weg durch die Hölle antritt, der sie bis nach Auschwitz vor die Augen des berüchtigten Dr. Mengele führt.«

Die Tochter ahnte, daß es einen Zusammenhang gab zwischen der »Ahnungslosigkeit« ihrer Mutter und ihrem eigenen Selbsthaß. Aber »die Mutter wagt(e) sie nicht zu hassen, denn die Tochter ihrer Mutter zu sein..., das heißt, auserwählt und auserkoren zu sein«.

Wir überleben, indem Liebe zu etwas wird, was wir uns vormachen. Und in Cordelia Edvardsons Fall (wie auch in jedem, der ihrem ähnelt) mußte sie den Mann, der ihr wahre Liebe gab und den sie heiratete, verlassen. Wahre Liebe kann nicht ertragen werden, wenn die Unzulänglichkeit der Mutter verdeckt werden muß. Wirkliche Liebe, die einem später entgegenkommt, wird unerträglich, denn sie würde die ursprüngliche Verletzung bloßlegen.

In einem erweiterten und überpersönlichen Sinn wird Liebe zum Feind, wenn das, was dem Kind entgegenkommt, nicht seinen Bedürfnissen entspricht. In einer optimalen Eltern-Kleinkind-Beziehung sind die Bedürfnisse des Kindes leicht zu entziffern und können vorausgesagt werden.[32] In solch einer Beziehung reagieren Kinder sehr schnell auf die Handlungen und Reaktionen ihrer Eltern. Solche Kinder vereinfachen die erzieherische Aufgabe ihrer Eltern.

Das Gegenteil passiert, wenn die Interaktion problematisch wird, wenn Eltern nicht auf die Bedürfnisse ihrer Kinder eingehen können. Das Schreien von Kindern nehmen wir als normal an und verschleiern ebendiesen Tatbestand einer Beziehung, in der das Ineinandervernetzen nicht funktioniert. Ein Säugling und Kleinkind wird nur hilflos, wenn Eltern seine Bedürfnislage nicht erkennen. Erst dann wird ein Kind abhängig von den Eltern. Wir denken, daß Kinder an ihren Eltern hängen wollen. In dem Moment, wo Eltern das denken, wirken sie dem Selbstwertgefühl des Kindes entgegen. Es ist nicht das Bedürfnis nach Liebe, das in die Abhängigkeit führt, sondern die Angst, diesem Bedürfnis entgegenzukommen.

Trotz dieser *Denkweise* ist es immer jenen Eltern, überhaupt jenen Müttern, die das Lebendige in ihren Kindern lieben, möglich, dieser gesellschaftlichen Sicht entgegenzuwirken. Mit solch einer Liebe kommen eine Mutter und ein Vater dem Bedürfnis ihres Kindes für selbstgesteuertes und zielstrebiges Verhalten entgegen. Wenn das passiert, lernt ein Kind, daß seine von innen heraus gesteuerte Motivation zu erfolgreichen Interaktionen mit seiner Welt führt.[33]

Da wir aber in einer Gesellschaft leben, die unser Mitleid so verstümmelt hat, daß wir Mitleidigsein mißbrauchen, um unseren Selbstwert zu stärken, reagieren Mütter und Väter auf die Schwächen ihrer Kinder mit einem Verhalten, das diese Schwächen unterstützt. Meistens werden Kinder »liebevoll« gewogen, und das holt ihre Passivität hervor. Wahre Liebe jedoch würde Lebendigkeit, da, wo sie nach Erwiderung fragt, unterstützen.

Ein Beispiel: Ein Kind mit niedrigem Tonus seiner Muskeln im Alter von sieben Monaten wurde leicht müde, als es versuchte, seinen Körper gegen die Schwerkraft aufrecht zu halten. Es zog sich zurück und weinte. Es zeigte aber große Fähigkeiten, auf die Stimmung und Gefühle anderer zu reagieren, und die Fähigkeit, Wärme und Unterstützung von ihm vertrauten Personen aufzunehmen.[34] Indem diese Stärken im Kontext eines Körperspieles, das das Körpergewicht verlagerte, unterstützt wurden, vollzog sich eine Wende. Es konnte körperlich aktiv werden!

Uns entgeht, daß die Kultur selber unsere eigenen Anlässe zum Unlebendigen unterstützt. Sie tut dies, indem sie uns für angeblich liebevolles Verhalten belohnt. Wir denken, wir sind liebevoll, und wir sind das Gegenteil davon. Indem wir uns an die Regeln, Gesetze der Gesellschaft anpassen, nicht denken, uns nicht fühlen, nach Mustern leben, treiben wir unsere Kinder in die Abhängigkeit. Das verstrickt beide, Kind, Mutter/Vater, miteinander in einen destruktiven Teufelskreis mit gesellschaftlichen Auswirkungen, die die Geschichte der Menschheit weitgehend prägen.

Abhängigkeit und Gehorsam

Ob Eltern die eigenen Ansätze des Kindes zur Autonomie unterstützen, hängt von ihrer Fähigkeit ab, diese als solche zu erkennen. Wenn sie selber als Kinder in ihrem autonomen Begehren gedrosselt wurden, können sie denselben Drang in ihren eigenen Kindern weder erkennen noch akzeptieren. Ihre Kinder erwecken das Leid und die Wut, die sie sich nicht zugeben können. Aus diesem Grund werden sie ihre Kinder als eigensinnig einstufen, um die Erinnerung an ihre eigene Unterdrückung zu blockieren. Für ihre Kinder bedeutet das, daß sie von den Quellen ihrer eigenen Lebendigkeit abgeschnitten werden. Um sich »lebendig« zu erhalten, müssen sie abhängig werden von der Steuerung ihrer Eltern. Und Eltern wundern sich dann, wenn ihre Kinder ihnen lästig werden, wenn sie nichts ohne die Eltern anfangen können, sie nicht aus dem Auge gelassen werden können. Ohne es zu wollen, haben sie sich zur ständigen Quelle der lebensaufrechterhaltenden Stimulation ihrer Kinder gemacht.

Diese Abhängigkeit ist der Grundstein des Gehorsams, den unser Sozialisierungsprozeß verlangt. Mit diesem werden Empathie und Autonomie, die davon ausgeht,[35] gedrosselt. Damit fängt der Selbsthaß an.

Liebe bedeutet, die Individualität eines anderen Wesens erkennen und schätzen zu können; Freude zu haben am Wachsen des anderen. Aber wie ist das möglich, wenn man selber im eigenen Wachstum, in der Lebendigkeit unterdrückt wurde? Was bedeutet es, von einem so geschädigten Menschen geliebt zu werden? Und wenn wir alle auf verschiedene Weise von unserer Entwicklung zum eigenen Sein abgehalten wurden, sind wir dann nicht alle, unterschiedlich gewiß, geschädigt? Was heißt es dann, daß wir alle Liebe wünschen, alle glauben, geliebt werden zu wollen und auch Liebe geben zu können?

Die Antwort hängt zusammen mit dem eigenen Selbst. Dabei ist nicht einmal wichtig, ob wir es tatsächlich entwickelt haben oder was dafür an seine Stelle gerückt ist – ein Verhaltensmuster, das uns elterliche und gesellschaftliche Bestätigung bringt. Wichtig ist allein, ob wir an der Möglichkeit, ein eigenes Selbst zu haben, wie unbewußt, wie ungenau auch wahrgenommen, festhalten.

Ronald Laing, einer der ersten, der die Psychiatrie mit ihrem gesellschaftlichen Umfeld verband, beschrieb diese Zustand in seiner extremsten Form durch die verzweifelten und erschütternden Schreie einer schizophrenen Patientin. Dieses Mädchen, das sich ihr Leben lang wehrte, sich dem Willen ihrer Mutter zu unterwerfen, indem sie alles von sich fernhielt, leer und tot wurde, sagte: »Sie wurde geboren unter einer schwarzen Sonne... Ich bin die Prärie. Sie (sie spricht über sich in der dritten Person) ist eine zerstörte Stadt... Der Krug ist zerbrochen, der Brunnen ist trocken.« Aber sie hielt trotzdem an der Gewißheit fest, daß in ihrer Tiefe, wie weit entfernt auch, ein wertvolles Eigenes existierte, »daß etwas von großem Wert in ihr verloren oder tief begraben sei, bis jetzt unentdeckt von ihr oder von einem anderen. Wenn man tief in die Tiefe... gehen könnte, würde man ›die Perle auf dem Meeresgrund‹ entdekken.«[36]

Dies zeigt, daß die, die ihr Selbst einmal gespürt, es im Grunde nie verleugnet haben – auch wenn sie es vor sich selber verdecken –, die Möglichkeit aufrechterhalten, sich selber zu lieben. Das ist die Liebe, die die Grundlage ist für die Liebe zu einem anderen Menschen.

Was aber geschieht mit jenen, die sich selber schon ganz früh verleugnet haben, die auf der »Liebe« der Eltern ein Selbst entwickelten, wo Liebe für gute Leistungen gegeben wird? Diese Art Liebe hat nichts mit Liebe für das eigene Sein zu tun, sie erlebt den anderen nicht und nicht die eigene Freude, das eigene Leid. Liebe wird zum Schauspiel, in das man verwickelt wird, für »gutes« Auftreten, für »gute« Darstellung, für erfolgreiches Handeln.

Dies ist der wahre Narzißmus, der von unserer Gesellschaft verlangt und gefördert wird. Ich sage »wahrer Narzißmus«, denn der Narzißmus, den die Psychoanalyse als einen Mangel darstellt, ist wenigstens noch ein Versuch, etwas Eigenes, wenn auch nur die eigene Physiognomie, zu lieben, etwas vom Eigenen zu retten. Aber dieser Narzißmus führt vom Eigenen weg und führt zu einem Gehorsam, der der Abstraktion und nicht dem Leben dient. Er führt zu jenen Zuständen, wo Menschen sich dem Zerstörerischen, unter dem Deckmantel von Pflicht und Treue, ergeben. Sie ordnen sich einem übergeordneten Abstrakten ein und verbreiten im Namen der Liebe Tod.

Eichmann ist ein Beispiel für solchen Narzißmus. Er konnte sich und andere für »Treue« lieben, aber nicht für menschliche Zuwendung. In das Gästebuch eines Klosters, in das er sich 1934 für eine Woche zur Erholung zurückzog, schrieb er: »Treue um Treue.«[37] Man liebt sich für »korrektes« Verhalten und fordert das gleiche von anderen. Es ist eine Liebe, die Zwang ausübt, denn wenn der andere nicht mit »korrektem« Verhalten erwidert, würde das eigene Gerüst ins Schwanken geraten.

Wie dann Liebe? Was suchen solche Menschen in der Liebe? Sigmund Freud dachte, daß das Verliebtsein einer Psychose gleiche, in der man sein eigenes Spiegelbild im anderen liebt. Das bringt uns der Lösung etwas näher, wenn wir beim Spiegelbild die Vorgänge mit einbeziehen, die zu diesem Bilde führen.

Die Frage heißt: Was bedeutet, sich selber lieben, wenn das Selbst, das hätte entstehen können, nicht vorhanden ist, seine Grundmauer, die eigene Lebendigkeit, sogar gehaßt wird? Wenn man mit dem Zurückweisen des Eigenen kollaborierte, um Leid und Schmerzen zu entkommen, in die eine ungenügende Liebe stürzt, dann kann das Selbst, das das Eigene ersetzt, nur auf Gehorsam aufgebaut sein. Solch ein Selbst, das sich auf Verhaltensregeln und Bilder stützt, kann nur dem Gehorsam selber gewidmet sein.

Dies bedeutet, daß überall da, wo Gehorsam zum Baustein seines Selbst wurde, Haß auf das Lebendige entsteht. Dies kann zu schrecklichen Tragödien führen. Überhaupt sind Männer öfter von der Lebendigkeit der Frauen angezogen, um diese dann in den »Griff« – das heißt besitzen – zu bekommen. Es kommt dann zu beidem, die Lebendigkeit in extenso besitzen *und* zerstören zu können. Das wird dann Liebe genannt. Die Frau, die sich dagegen wehrt, wird bald als Verräterin eingestuft, und wenn ihre Kraft unter solchem gesellschaftlichen Druck nicht groß genug ist, krank werden müssen.[38]

Also, was liebt man, wenn das eigene Selbst auf Gehorsam gebaut ist? Den Gehorsam im anderen. Natürlich wird das nicht offen ausgetragen. Wir verneinen ja, was wir tun, denn wir sehen uns nicht als gehorsam. Das Image, dem wir entsprechen wollen, beinhaltet Unabhängigkeit! Die Frau wird gesucht, die dem Bild einer angenehmen, gefälligen Frau entspricht und das Image des Mannes bestätigt. Und der Mann wird von jener Frau vorgezogen, der dem Image eines starken, angstlosen, sicheren und entschlossenen Mannes entspricht.

Diese Liebe baut auf gegenseitigen Betrug, da kein wahres Selbst vorhanden ist. Aber es funktioniert, solange Männer und Frauen gegenseitig an diesem Image festhalten. Sie werden sich sogar in einem Zustand des Verliebtseins befinden können, der das Gefühl des Sich-im-anderen-Auflösens ermöglicht. Das gibt natürlich die Illusion von wahrer Liebe, denn im Zustand der Liebe kann man sich für Momente im anderen auflösen. Man fühlt sich mit dem anderen sicher, aber hier eigentlich nur, weil jeder den Vorstellungen des anderen, nicht seiner eigenen Wirklichkeit entspricht. Dafür braucht es die Kraft, die aus einem eigenen Selbst kommt, so daß die Ekstase des wirklichen Miteinanderkostens und -spürens ein solches Selbst nicht bedrohen kann. Das fürchten aber jene, die kein eigenes Selbst haben. Für diese ist es deswegen so wichtig, nur sich selber im anderen zu erleben. Das bedingt natürlich, daß beide sich auf halluzinatorische Weise etwas vormachen, daß sie tatsächlich das tun, was der andere wünscht. Da in unserer Gesellschaft Frauen fast immer benachteiligt werden, sind sie oft die ersten in einer Partnerschaft, die Enttäuschung spüren. Aus dieser Enttäuschung kann wahres Wachstum werden, aber nicht, wenn Frauen völlig von ihren Ehemännern abhängig sind. Deshalb wollen Männer finanziell unabhängige Frauen so ungern tolerieren.

Noch etwas geht vor. Das Selbst, das man verloren hat, gibt keine Ruhe. Sogar wenn ein Mann oder eine Frau sich selber hassen und diesen Haß nach außen projizieren, sind sie ständig von der inneren Bewegung, die um dieses gehaßte Selbst kreist, betroffen. Das ist eine der Quellen für jene »Liebe«, die das verlorene Eigene fortwährend in der Lebendigkeit eines anderen sucht, um sie dann zurückzuweisen, zu zerstören. Deshalb ist die fortwährende Suche nach einem Partner ein Beweis dafür, daß nie ein richtiger Partner gefunden werden kann, da man kein wirkliches Selbst hat. Am Ende bezweifeln solche Menschen die Möglichkeit einer wirklichen Liebe. Ihr Zynismus verstärkt die hintergründige gesellschaftliche Einstellung, daß Liebe nicht realistisch sein kann.

Diese vergebliche Suche hat auch mit der Fixierung auf die Mutter zu tun, die keine Liebe geben konnte. Indem das Kind die Schuld dafür in sich selber sucht, »lernt« es, für immer dem nachzujagen, der nichts zu geben hat, weil es eine eingebildete Wirklichkeit an die Stelle der verletzenden Wahrheit setzt.

Im Klartext heißt das: Jene Frau oder jener Mann, der/die zurückhaltend ist, nichts gibt, ist die Person, von der wir Liebe möchten. Denn es ist ja das alte Vorbild, derjenige, der wenig oder nichts gibt, kann etwas geben, wenn wir nur den Schlüssel dazu finden. Diejenigen, die Liebe leicht geben, deren Liebe ist verdächtig. Sie ist entweder wertlos oder nur Mittel zum Zweck. Was wir nicht merken: Um Liebe zu akzeptieren, müssen wir uns erst der Liebe wert empfinden. Wie kann das aber sein, wenn wir kein Selbstwertgefühl haben?

Und so fasziniert uns die Frau oder der Mann, der wenig gibt. »Irgendwie hat er mich nie so fasziniert. Wahrscheinlich war er einfach zu nett«, zitiert Robin Norwood eine Frau in ihrem Buch ›Wenn Frauen zu sehr lieben‹.[39] Wenn man alles tut, um den anderen zu beherrschen, braucht man sich nicht für Liebe zu öffnen. Sich für Liebe zu öffnen heißt, vom Partner so angenommen zu werden, wie man ist. Aber wenn Menschen im Grunde sich nicht lieben können, macht das angst. Eine Patientin sagte einmal stolz, daß sie bei ihrem Partner bleiben konnte, weil er ja nicht wußte, wer sie sei! Das, wurde bald klar, würde ihr ungeheure Angst machen, denn dann könnte sie nie entkommen.

Wir glauben, daß wir Nähe möchten, weil wir fortwährend auf der Jagd nach Liebe sind. Aber wenn sie uns entgegenkommt, dann wird uns der, der uns entgegenkommt, sehr bald langweilig oder sogar lästig. Plötzlich fühlen wir uns von seinem/ihrem Lächeln befremdet. Wir fühlen nur, daß er/sie uns ausnützen, ausbeuten, etwas nehmen will. Wir merken deswegen gar nicht, daß mangelndes Selbstwertgefühl uns hindert, Liebe anzunehmen. Aber wir können sie jemandem geben, der sie nicht so leicht akzeptiert. In unserem Überzeugungseifer sind wir in einem Zustand des Liebens, der sehr wenig mit der Wirklichkeit des anderen zu tun hat. Wir fühlen dann, daß wir lieben, wir denken; das ist Liebe.

Dieser Zustand des Verliebtseins ist einem anderen sehr nahe, der uns weiterhin darin bestätigt, daß wir Liebe geben und akzeptieren können. Es ist der Zustand des Sichergebens.

Identität durch Verschmelzen

Ein Mensch, der kein eigenes Selbst gehabt hat, ist nie bereit zu sterben. Nur Menschen, die wahrhaft gelebt haben, die Lebendigkeit durch Freude und Leid erlebt haben, können dem Tod mit Gleichmut entgegensehen.

Das Merkmal derer ohne Selbst ist das Ausweichen vor dem Tod. Erfolg, das Beherrschen von Natur und Mensch, der Besitz sind Ausdruck eines vergeblichen Versuchs, sich lebendig zu fühlen. Aber zur Liebe führen sie nicht, nur zum Bau jener gewaltigen Monumente aus Stein oder Ideologie, durch die die Illusion eines ewigen Lebens aufrechterhalten wird.

Und wiederum ein Paradox: Die, die nicht sterben können, verherrlichen den Tod. Die, die dem Tod ausweichen wollen, weil sie nie gelebt haben, drängen ihn anderen auf. Anders gesagt, das Ausweichen vor der Gültigkeit des eigenen Todes führt zur Destruktivität.

Solange der gesellschaftliche Rahmen hält – das heißt, solange man seine eigene Identität, seine Bedeutung, durch die äußeren Strukturen aufrechterhalten kann –, solange kann die innere Malaise des nichtautonomen Selbst gezügelt werden. Da aber diese Menschen keine komplexe Sicht ihrer Lage ertragen, sind sie auch die ersten, die diese Strukturen gefährden.

Wenn sich ein Mensch zum Beispiel durch Arbeit, durch Erfolg oder auch durch gemeinnütziges Schaffen persönlichen Sinn verschafft, fällt er auseinander, wenn Arbeitslosigkeit, Städteverfall und amoralische politische Führung das gesellschaftliche Bild prägen. Wo jedoch die Ideologie des Herrschens und Besitzens regiert, führt das selber zu jener Verengung der Sicht, die diese Strukturen nicht aufrechterhalten kann. Eigennutz, Wettbewerb, »Realismus«, alle führen zur Unterdrückung der Empathie, die einem für das Leiden seiner Mitmenschen das Herz öffnen könnte. Jegliche auf Macht beruhende Gesellschaft trägt die Selbstzerstörung in sich. Die römischen Diktatoren setzten wie Hitler, Stalin und Khomeini dagegen Massenveranstaltungen, die sowohl momentanes Ventil –

denn diese Art Wut wird nicht durch Abreaktion gemildert, im Gegenteil: Jede zerstörerische Handlung erhöht die Zerstörungswut – für die angestaute Wut als auch die Flucht vor dem Selbst in eine Gruppe hinein geboten. Aber der Zerfall der Identität durch den Zerfall der Arbeitsmöglichkeiten schwächt das nach außen orientierte Selbst am stärksten. Und so steuert die verengte Vision der dem Erfolg und Profit Verfallenen auf den Untergang ihrer Welt zu.

Dies ist ein unentrinnbarer Vorgang, denn ein nach außen gelenktes und von außen bestimmtes Selbst kann keine Änderungen ertragen. Wir sehen das in jedem Staat, der ökonomischen Krisen ausgesetzt ist, und hier geben uns die Extremisten Aufschluß über die Vorgänge. Die Extremisten, überhaupt die von rechts, verfechten mit Gewalt den Status quo. Der Ausdruck ihrer Gewalttätigkeit dreht sich immer um Symbole der Identität wie Rasse, Nationalismus, Religion und Freiheit. Nie geht es um die aktuelle Analyse der Bedrohung. Wenn der gesellschaftliche Rahmen zerbirst, bleiben Menschen, die für ihren Selbstwert und ihre Bedeutung davon abhängig sind, ohne Halt. Sie sind jetzt dem inneren Haß ausgeliefert. Dieser Haß richtet sich auf alles, das an die eigene verschmähte Lebendigkeit erinnert.

All dies sagt etwas über die Gewalttätigkeiten aus, die immer wieder die Geschichte unserer auf Macht aufgebauten Zivilisationen erschüttern. Der Kult des Todes drückt sich aber nicht nur in Todesschwadronen aus. Man findet ihn auch in dem uns ganz allgemein umgebenden Leben.

Viele Menschen suchen verzweifelt die Erlösung von der Untragbarkeit eines Selbst, das nicht ein eigenes ist. Sie suchen sie durch Verneinung des Todes, der Lebendigkeit, des Leids und der Freude. Dieses Suchen ist unerkannt. Es wird uns durch ideologische Strukturen verhüllt, so daß wir unser wahres Ich nicht erkennen. Dies geschieht auf individueller Ebene und auf der Ebene gewaltiger wie auch weniger gewaltiger gesellschaftlicher Umwälzungen.

Viele unserer intellektuellen Beschäftigungen drücken das Verlangen, uns in etwas aufzulösen, aus. Dieser Vorgang nimmt uns von einem unzulässigen Selbst weg, ohne den Vorgang wie auch dieses unzulängliche Selbst zu erkennen. Dazu gehört auch die Suche nach künstlicher Intelligenz. Hans Moravec, der Direktor des »Mobilen Roboter-Laboratoriums« der Carnegie Mellon University, eine der angesehensten der USA, beschreibt in seinem Buch

›Mind Children‹ eine Vision der Zukunft, in der innerhalb von vierzig Jahren Roboter dem Menschen gleichwertig sein werden.

Hier sehen wir ein Auflösen des Ichs in eine technische Welt, um beidem, dem Verlust des Selbst wie auch seiner möglichen schmerzhaften Wiederherstellung, zu entkommen. Moravec beschreibt, wie ein Roboter-Gehirnchirurg allmählich Teile eines bewußten Gehirns auswechselt, indem er die Handlungen dieser Gehirnteile zu arbeitenden Programmen in kleinere Teile eines wartenden Computers versetzt: »Schließlich ist Ihr Schädel leer, und die Hand des Chirurgen befindet sich tief in Ihrem Hirnstamm. Dennoch haben Sie weder das Bewußtsein noch den Faden Ihrer Gedanken verloren. Ihr Geist ist einfach aus dem Gehirn in eine Maschine übertragen worden. In einem letzten unheimlich anmutenden Schritt nimmt der Chirurg seine Hand aus Ihrem Schädel. Ihr plötzlich sich selbst überlassener Körper verfällt in Krämpfe und stirbt... Ihr Geist ist jetzt an den glänzenden neuen Körper angeschlossen, dessen Form, Farbe und Material Sie selbst ausgesucht haben.«[40]

Wichtig ist nicht die Frage, ob es tatsächlich möglich wäre, solch einen Roboter zu bauen. Wichtig ist die Frage, was Moravec bewegte, sich das auszudenken!

Moravec stellt uns eine Welt ohne Bewußtsein, ohne Erkenntnis des Leidens und der Freude vor. Schmerz ist nicht Teil eines Computersystems. Was ein Mensch durchleiden muß, um zu Menschsein zu gelangen, die langen Jahre seines Wachstum, sein Ringen mit Kräften, die nicht auf ihn eingestimmt sind, dieses Menschsein, das durch Schmerz und Verzweiflung entsteht, das alles existiert hier nicht. Wenn wir Moravec richtig lesen und nicht vom »Fortschritt« seiner Vision verblendet werden, liegen seine wahren Beweggründe in dem Versuch, dem Leid und dem Tod zu entkommen, wodurch das Lebendige selber zerstört wird. Moravec folgert aus der künstlichen Intelligenz, daß eine menschliche Identität auf einen Computer übertragen werden kann, nur weil dieser Informationen über die Person erworben hat. Er glaubt sogar, daß auf diesem Weg lange verstorbene Gestalten der Geschichte und deren Bewußtsein durch das Anhäufen der verschiedensten Informationen über sie wieder lebendig gemacht werden können. Auf diese Weise werden dann auch Computer der Zukunft jeden Aspekt der Vergangenheit wieder herstellen können. – Hier haben wir ihn, den Traum, daß der Tod von Lebewesen überwunden werden kann.

Daß am Ende der Tod Moravecs eigentliches Ziel ist, geht aus seiner Phantasie für einen »Doomsday«-Computer hervor, in der er sich damit beschäftigt, eine enorme Zahl von Universen zu zerstören. Das ist die »Lebendigkeit« eines Mannes, der nie wirklich gelebt haben kann. Er träumt in der Tat von einer Erlösung, die ihn von den unerkannten Qualen eines Nicht-Ichs durch Zerstörung alles Lebendigen retten wird.

Dieser individuelle Versuch, Erlösung zu finden, zieht sich durch die menschliche Geschichte. Sie ist Ausdruck und zugleich Quelle einer bodenlosen Hilflosigkeit, die im Grunde der Antrieb für eine positive Lösung sein könnte, niemals aber ist. Da diese Hilflosigkeit ideologisch verkleidet wird, weil der Haß sie begleitet, ist sie durch Lenkung von Demagogen von vornherein zum Scheitern verurteilt. Das ist das Teuflische.

Diese Zusammenhänge sind erkannt worden, zum Beispiel von dem englischen Historiker Norman Cohen. Er schreibt darüber in seinem grundlegenden Werk über die gesellschaftlichen Umwälzungen des Mittelalters.[41] Das Tragische ist die Wiederholung in der Geschichte. Die Rolle der unzureichenden Identität und ihre Begleiterscheinung, der Haß, sind die Ursache für den ständigen Amoklauf der Welt.

Cohen schreibt: »Revolutionäre Bewegungen der Armen, angeführt von messianischen Gestalten ... nahmen ab Ende des 11. Jahrhunderts zu. Sie ereigneten sich fast alle ... in ziemlich genau abgegrenzten Gebieten ... Es waren Gebiete, in denen die Überbevölkerung überhandnahm und ein rascher wirtschaftlicher und sozialer Wandlungsprozeß eingesetzt hatte ... Sie traten nur in Gebieten auf, wo der Lebensstil sich bereits grundlegend von der behäbigen bäuerlichen Kultur unterschied, die während der tausendjährigen Spanne des Mittelalters die herrschende Norm gewesen war.«

Nicht »die Armut und Not und die oft bedrückende Abhängigkeit« waren es, schreibt Cohen, die von sich aus zu der revolutionären Erwartung des Tausendjährigen Reiches geführt hatten.

»In einem schwer zu überschätzenden Ausmaß wurde das bäuerliche Leben von gesellschaftlicher Routine, die in Sitte und Brauchtum verankert war, gestaltet und aufrechterhalten ... Die gesellschaftlichen Beziehungen innerhalb des Dorfes waren von Normen bestimmt, die sich zwar von Dorf zu Dorf unterschieden, aber immer von der Tradition sanktioniert waren und durchweg als unverletzlich galten.« Das Netz der sozialen Beziehungen sorgte dafür, daß eine durchgreifende Orientierungslosigkeit gar nicht erst aufkommen konnte. Und solange dieses Netz intakt blieb, »konnten weder die anhaltende Armut noch gelegentlich auftretende Gefahrensituationen (ihm) etwas anhaben«. Erst als Europa ab dem 11. Jahrhundert in einem solchen Grade befriedet wurde, daß die Bevölkerung sich vermehren konnte und der Handel sich entwikkelte, begann ein Wandel dieser Ordnung einzutreten.

Die sprunghaft angestiegene Bevölkerung flüchtete zum Teil in die sich entwickelnden Handelszentren. So entstand ein städtisches Proletariat. Es ging ihnen nicht besser als den Bauern, doch obendrein »litten sie an einer Orientierungslosigkeit. Es gab hier keinen uralten Sittenkodex, auf den sie sich berufen konnten…, vor allem stand ihnen kein soziales Beziehungsgeflecht zur Seite, wie es die Bauern hatten… In diesen Bevölkerungsgruppen am Rande der Gesellschaft entstand eine ausgeprägte Neigung, sich einem Laien oder auch einem ehemaligen Klosterbruder oder Mönch als religiöser Führungsfigur zuzuwenden, welcher sich nicht nur als heiliger Mann, sondern als Prophet und Retter der Seele oder gar als Verkörperung Gottes ausgab. Gestützt auf Eingebungen oder Offenbarungen, von denen er sagte, sie seien göttlichen Ursprungs, gab ein solcher Führer seinen Anhängern eine verbindende Missionsaufgabe. Die Überzeugung, im Besitz eines Missionsauftrages zu sein und die göttliche Berufung zu einer großen Aufgabe empfangen zu haben, gab den Desorientierten und Gescheiterten ein neues Lebensziel und neue Hoffnung.«

Das Bedürfnis nach festgesetzten gesellschaftlichen Strukturen und nicht nach besseren gesellschaftlichen Strukturen steckt hinter solchen rebellischen Bewegungen. Das gilt auch für andere ideologische Systeme. Diese Erkenntnis unterhöhlt die gängige Auffassung, die auf der Trennung von Ideologie und Persönlichkeit besteht.

Zum Beispiel fand der amerikanische Historiker John Bushnell heraus, daß in den Revolutionsjahren 1905 und 1906 die gleichen Einheiten der russischen Armee ständig meuterten, die an der Niederschlagung der Aufständischen maßgeblich beteiligt waren. Dieselben Soldaten wechselten in rascher Folge ihr Verhalten und durchliefen innerhalb von zehn Monaten zweimal den kompletten Zyklus von Revolte und neuer Loyalität.[42]

In meinem Buch ›Der Wahnsinn der Normalität‹ deutete ich darauf hin, daß dieses wechselnde Verhalten der Soldaten nichts mit ihrer Behandlung oder ihrer politischen Anschauung zu tun hatte. Bushnell veranschaulicht, daß das einzig Ausschlaggebende die gerade akzeptierte Autorität war – nur sie gab ihrem Selbstgefühl Halt. Glaubten sie, das alte Regime sei am Ende, dann revoltierten sie. Glaubten sie aber, daß es noch Befehlsgewalt habe, dann gingen sie gegen die Zivilisten vor.

Das Bedürfnis nach Strukturen charakterisiert Menschen, die kein eigenes Selbst haben. Autoritäre Strukturen verleihen ihnen das Gefühl einer Identität, und daher gibt ihnen, solange die Autorität autoritär bleibt, solch ein Gefüge persönliche Bedeutung und Sicherheit. Es ist das Auseinanderbrechen dieser Strukturen, die die angestaute Wut zum Ausbruch bringt. Die Rebellion, die dadurch ausgelöst wird, zielt nicht nach Freiheit, sie will sich neuen Autoritäten/Strukturen ergeben. Diese erneute Unterwerfung, getrieben von der Angst der Identitätsauflösung und dem inneren Haß, ist Erlösung.

Die neue/alte Unterwerfung wird um so willkommener, je mehr die neue Autorität der angestauten Wut und Gewalttätigkeit nicht nur freien Lauf läßt, sondern sie auch als heilig deklariert. Der wird zum Führer erkoren, der dies am besten fördert – nicht jener, dem es wirklich um die Freiheit geht. Die Gefahren, die jeglicher Reformbewegung drohen, könnten auf den folgenden Nenner gebracht werden: Die Ketten der früheren Anpassung an das Schlechte, das man für gut hielt, weil seine Autorität einem ein Sicherheitsgefühl gab, können gesprengt werden. Aber für den Erfolg jeglicher Revolution, Reform und Erneuerung muß die menschliche Abspaltung vom seelischen Inneren berücksichtigt werden. »Denn ein nicht auf Autonomie gegründetes Selbst revoltiert nicht, weil sich seine Natur grundlegend gewandelt hat. Es ändert nur die Richtung seiner Gewalttätigkeit. Revolutionen mögen an den Formen der Knechtschaft etwas ändern oder nicht – an der Knechtschaft selber ändert sich nichts, solange die Autoritätshörigkeit nicht überwunden wird. Dann wird weiterhin das Böse als das Gute verteidigt, und es findet keine wirkliche Befreiung des Selbst statt. Erst sie würde zurückführen zu den wahren Bedürfnissen nach Liebe und den Teufelskreis der Zerstörung durchbrechen.«[43]

Wenn aber die Autoritätshörigkeit eine Revolte bestimmt, dann kommt nur zum Ausdruck, was jede Unterwerfung bestimmt: das Verlangen nach Erlösung durch Identifikation mit einer Autorität.

Wenn die sozialen und wirtschaftlichen Veränderungen alte Wertvorstellungen zerstören und selbst zur allgemeinen Notlage und Verarmung beitragen, muß sich der angestaute Haß entladen. Und wenn dann diejenigen, die von inneren moralischen Hemmungen frei sind, die Erlaubnis erteilen, unter dem Decknamen eines heiligen Auftrags zu zerstören und zu erobern, dann werden die letzten Reste des inneren Widerspruchs zwischen Liebe und Haß abgeschüttelt. Dadurch gibt der Mensch sein eigenes Selbst auf; er läßt es mit einem berauschenden Rachegefühl verschmelzen, das sich als die Liebe selbst tarnt. Das Verschmelzen wird eben als Liebe empfunden, denn es wurzelte im Schein der Geborgenheit.

Das zum Beispiel nutzte der Faschismus aus. Er wandte sich direkt an das Rachegefühl im Menschen und stellte dieses ohne inneren Widerspruch als heilig hin. Was allen Führern ihre Macht verleiht, ist nicht so sehr die Tatsache, daß sie uns ein besseres Leben versprechen, sondern vor allem, daß sie uns von dem inneren Kampf befreien, von dem Widerspruch zwischen Liebe und Haß. Sie liefern uns Feinde, die wir töten und uns dafür noch lieben können.

Wenn Menschen sich ihrer Kultur entfremdet haben, weil sie es nicht mehr ermöglicht, ihr Selbst »offiziell« zu definieren, dann kann persönliche »Ganzheit« sich nur noch zeigen, wenn zum Ausdruck kommt, womit dieses Selbst bis zum Rande gefüllt ist: der Haß. Damals wie heute sprechen ihre Führer niemals den Urgrund eines neuen Identitätsgefühls an – noch die mörderische Wut, die davon bestimmt ist. Doch weder die Opfer ihrer Zerstörungswut (damals waren es Ungläubige und Juden) noch ihre Unterwerfung vor neuen Unterdrückern brachten eine Lösung für ihre Situation. Die Suche ist blind, denn gesucht wird ein Weg, um dem wahren Selbst zu entkommen. Die Flucht vor der echten Auseinandersetzung mit den Ursachen der Misere und den damit verbundenen Schmerzen bedeutet, anderen Schmerz zuzufügen.

Nichts anderes passiert in der heutigen Gesellschaft. Auch die Jagd nach Konsumgütern ist blinde Suche und Flucht. Durch diese Güter erlebt der einzelne sein persönliches Wertgefühl.

Deshalb bildet die Werbung einen so wichtigen – wenn auch oft geleugneten – Faktor in der Aufrechterhaltung der kulturellen Ideologie des persönlichen Bedeutungsgefühls.

Aber da liegt das Problem. Die Kultur fördert ein Selbst, das von seinem Kern abgespalten und in äußeren Besitztümern verankert wird. Indem aber diese Kultur die Abspaltung der Empathie vom Gefühlshaushalt fördert, kümmern sich Menschen immer weniger um das Elend und den Schmerz der anderen. Die Verfolgung selbstsüchtiger Ziele schneidet einen großen Teil der Mitmenschen vom Zugang zu diesen Konsumgütern ab. Es verwundert daher nicht, wenn Verbrechen und Aggressivität zur Aufbesserung des eigenen Status zunehmen. Verbrechen ist nichts weiter als ein Aspekt jenes Wahnsinns, der die Suche nach äußerer Identität hervorbringt.

Solange aber Identität nicht auf Einfühlungsvermögen basiert, muß es auf einer Zugehörigkeit zu einer Gruppe gründen, die aus dem Selbsthaß emporsteigt. Selbstverständlich gibt es echte Gründe für die Hochschätzung kultureller Errungenschaften, Sitten, Gebräuche, Sprachen, ja ganze Gemeinwesen mit ihren Einrichtungen; aber wehe, wenn die nationale Zugehörigkeit zum Werkzeug wird, um das persönliche Selbst- und Identitätsgefühl aufzubessern.

Die wirklichen Lösungen haben etwas mit der Verteilung von Wirtschaftsgütern und Reichtum in der Welt zu tun. Die Lösungen werden nicht gefunden, solange die Menschen nicht den Zugang zu ihren einfühlsamen Formen der Wahrnehmung finden.

Damit kommt automatisch die Art von Selbst ins Spiel, die auf natürliche menschliche Gefühle gründet, die Fähigkeit, Freud und Leid wirklich zu erleben. Wenn das Zusammenleben auf Einfühlungsvermögen gegründet sein wird, dann haben wir eine bessere Welt erreicht. Wir werden dann unsere Bedürfnisse wirklich auf die Bedürfnisse der Natur abstimmen können, anstatt den Versuch zu machen, sie und unsere Mitmenschen zu beherrschen.

Der Nationalismus ist Ausdruck eines Leidens, allerdings eines nicht erkannten Leidens. Wenn der Mensch nicht mehr lieben kann, weil er sich selbst haßt, gleichzeitig aber außerstande ist, sich dieser Tatsache zu stellen, weil durch den Selbsthaß seine Selbstachtung untergraben wurde, dann kann er zu sich selbst nur noch auf halluzinatorischem Weg in Beziehung treten.

Aus diesem Grund wird die nationale Identität so wichtig – viel wichtiger als die persönliche Identität. Wenn heute in aller Welt Minderheiten und andere benachteiligte Gruppen im Namen des Nationalismus verleumdet und sogar getötet werden, dann hat dieser Nationalismus nichts mit Liebe zu tun, nicht einmal mehr mit Liebe zur eigenen Nation. Er speist sich lediglich aus dem Verlust jeglicher Identität und aus dem Bedürfnis nach Gewalt, damit man sich des Verrats am eigenen Selbst nicht bewußt wird.

Letzten Endes ist das Verschmelzen des eigenen Selbst mit einer Gruppe nicht nur eine Flucht vor der Verantwortung, sondern die Angst, in dem allgemeinen Wettlauf einer konsumorientierten Gesellschaft, in der sich die Bedeutung und der Wert eines Menschen an seinem Besitz orientiert, hintanzubleiben.

Die wirkliche Angst, die dahintersteckt, ist aber in allzu vielen Fällen die Angst vor der selbstverantwortlichen Konfrontation mit dem eigenen Selbst. Wenn aber das Besitzen von Konsumgütern mit Identität gleichgestellt wird, findet man den Weg zur Gemeinschaft nicht mehr.

Die Ereignisse im Rahmen der Perestroika oder in der früheren DDR sind bezeichnend für die Macht der Ideologie des Konsums. Die Bewegungen wurden von Menschen ausgelöst, die eine echte Veränderung wollten; sie suchten wirklich die Freiheit, ein Leben auf der Grundlage sinnvoller Alternativen im Gegensatz zu den Versprechungen, das Heil im Konsumverhalten zu finden. Sobald aber die alten autoritären Strukturen ins Wanken gerieten, beherrschte ein anderer Typ die Straße.

Auf der beinahe schon traditionellen Montagsdemonstration in Leipzig hatte am 15. Januar 1990 ein Student, auf die wartende Menge zeigend, die »Deutschland einig Vaterland« und antidemokratische Parolen sang, folgendes zu sagen: »Von diesen Leuten hier war keiner weit und breit zu sehen, als wir im Oktober (1989) für unsere Revolution auf die Straße gingen.«[44] Und er fuhr fort: »In meinem Ort werde ich schon als Kommunist verschrien, weil ich eine Verlautbarung von Bruce Springsteen gegen südafrikanische Apartheidspolitik übersetzt und öffentlich angeklebt habe.«

Die Kräfte, zu denen der Student gehörte, wollten an die Stelle der Unterdrückung Freiheit, Verantwortlichkeit und Selbstbestimmung setzen. Die neueren Gruppierungen schienen jedoch die Einsetzung einer neuen Autorität in neuer Form zu ersehnen, der sie sich erneut unterwerfen konnten. Aber gegen den neuen Konsumgott, der das auseinanderfallende Identitätsgehege zu heilen versprach, waren diese Kräfte, die für ein Selbst und eine gesellschaftliche Verantwortung eintraten, hilflos.

Verschmelzung als Sicherung für das Selbst

Erlösung durch ein Verschmelzen mit einer Autorität oder einem »höheren« Ideal muß von einer anderen Art der Identitätsverneinung unterschieden werden. Wenn es bisher um ein Entrinnen aus der Verantwortung für eine eigene Identität ging, gibt es noch einen Vorgang, der diesem sehr ähnelt, aber in seiner Entstehung und in seinem Ziel ganz entgegengesetzt ist. Wird das entstehende Selbst eines Kindes in seiner Autonomie bedroht, so kann dieser Bedrohung durch eine andere Art, dem Feind beizutreten, ausgewichen werden.

Der Psychoanalytiker W. V. Silverberg nannte diesen Vorgang »schizoides Manöver«[45] und illustrierte es an Rainer Maria Rilkes ›Die Weise von Liebe und Tod des Cornets Christoph Rilke‹. Im Gedicht gerät der Held, ein Vorfahr des Dichters, auf einem Kreuzzug des Mittelalters in eine unausweichbare, sein Leben bedrohende Lage. Er ist umzingelt von türkischen Soldaten, und als ihre blitzenden Säbel auf ihn niedersausen, erlebt er den Moment des Todes als einen heiteren, auf ihn niederrieselnden Springbrunnen.

In der Unausweichlichkeit des Todes wird die bedrohende Instanz ins Gegenteil verkehrt, nicht um an Macht zu gelangen, sondern um das Weiterleben, leider vergeblich, zu beschützen. Was Silverberg als einen individuellen klinischen Vorgang erkannte, ist aber auch gültig auf der politischen, gesellschaftlichen Ebene.

Sein Hintergrund ist die Stimme der Hilflosigkeit unserer frühkindlichen Erfahrungen mit »liebenden« Erwachsenen, deren Versuch, uns ihren Willen aufzuzwingen, uns mit dem Erlöschen des eigenen keimenden Selbst bedroht. Indem wir ihr Image als gute Eltern aufrechterhalten, erhalten wir sie als liebend. Indem wir aber ihren Willen austragen, sich mit ihnen verschmelzen, bleibt unser eigener Wille außerhalb ihres Zugriffs. Dadurch bleibt die Autonomie nur als Potential erhalten. Dies schützt die Autonomie, indem sie versteckt wird.

Diese Verschmelzung ist nicht vorbehaltslos, sie dient dazu, den

Unterdrücker an sein »liebendes« Image zu binden. Es bleibt also der permanente unausgesprochene Vorwurf wie die Forderung, daß der Unterdrücker seinem von ihm festgelegten Image entspricht.

Dieses »Beitreten« ist anders als das Beitreten derjenigen, die tatsächlich das eigene Innere hassen. Bei jenen ist Verschmelzung vorbehaltlos bis zu dem Tag, an dem die Autorität stürzt. Dann wird auch sie verraten, weil eine andere gefunden werden muß. Aber das *Schizoide* wird eben nicht von einem vorbehaltlosen Verneinen der eigenen Möglichkeiten begleitet. Hier existiert immer noch ein Zweifel. Es ist dieser Zweifel, der der Einförmigkeit des von gesellschaftlichen Modellen unterstützten Fühlens immer noch entgegenwirkt und somit den Kern für Menschlichkeit erhält.

Wie die Neurotiker und Schizophrenen trotz Unterwerfung diese Hoffnung nicht aufgeben, habe ich in meinen Büchern ›Der Verrat am Selbst‹ und ›Der Wahnsinn der Normalität‹ beschrieben. Es ist jedoch wichtig zu erkennen, daß schizoide Manöver zu einer allgemeinen Art des Überlebens für Unterdrückte gehören.

Um nicht erkannt zu werden, wird Tarnung notwendig. Das Paradoxe besteht darin, daß diese lebensnotwendige Tarnung neue Hindernisse aufbaut, und zwar in dem Moment, wenn der Unterdrückte, dem Tarnung zur verinnerlichten List wurde, zu den Machtstrukturen zugelassen wird.

Sie verunmöglicht die Anpassung an Machtstrukturen. »Ich tarne mich, damit man mich nicht erkennt.« Da dieser Vorgang unbewußt ist, erinnert man sich nicht, sich der unterdrückenden Machtstruktur untergeordnet zu haben und so zu erscheinen, wie diese es verlangt. Um das zu ändern, reicht es nicht aus, gegen den Unterdrücker zu sein. Man muß sich dem eigenen Verhalten stellen. Es reicht nicht, den Unterdrücker zu hassen, man muß mit sich selber hadern und die Verantwortung für die Verinnerlichung dieses Vorgangs übernehmen, indem man sich dessen bewußt wird, wie schmerzhaft auch immer.

Dies ist ein komplizierter Vorgang, weil er immer beides ist, Verinnerlichung wie auch Beschützung der eigenen Werte, die zu dieser Tarnung führten. Tarnung führt letztlich in eine Sackgasse und zerstört den Menschen.

Ein schlimmes Beispiel dafür ist die Unterdrückung der Schwarzen in den USA; besonders unter den Umständen einer dem Konsum total ergebenen Gesellschaft. Weil der Schwarze von den Weißen als dumm eingestuft wurde, »durfte« ihn das weiße Herrenvolk beherrschen. Nur als »Dummer« konnte er den Weißen Widerstand leisten. Dummsein wurde die Art, mit der der Herrscher besiegt werden konnte. Dadurch blieb wenig Freiraum für die Entwicklung von jenen Aspekten, die auf der Beherrschung formaler kognitiver Funktionen beruhen, die sie abschoben, um in ihrer Gefühlswelt bleiben zu können. Diese Funktionen wie logisch-kausales Denken, mathematische Betrachtungsweisen beruhen auf nach außen gelenktem Tun und können bestens unter Kontrolle gebracht werden, wenn das innere Leben ausgeschaltet wird.[46]

Dann entwickelte sich ein Verhängnis: Indem sie sich an das Image anpaßten, das die Weißen von ihnen hatten, konnte ihre Menschlichkeit, ihre Beziehung zur Spontaneität, zum Ausdruck von Leid und Freud, bestehenbleiben. Zugleich aber versperrten sie sich den Weg zur Entwicklung jener Aspekte der kognitiven Bereiche, die zu einem völlig nach außen gelenkten Tun führen würde.

Es ist jedoch gerade diese Entwicklung, der sie sich versperren, die das Beherrschen formaler kognitiver Funktionen, logischen Denkens, mathematischer Betrachtungsweisen zum erstrebenswerten Ziel einer nach außen gelenkten Kultur führt. Dadurch verloren die Schwarzen, ohne sich dessen bewußt zu werden, Zutritt zu einer unmenschlichen Entwicklung. Das jedoch könnte in einer dem Menschlichen zugewandten Welt positiv wirken. Da aber diese Entwicklung mit einem Nein zum Kognitiven verbunden ist, werden sie zu den Verlierern in einer total nach außen hingelenkten Kultur. Das bedeutet natürlich nicht, daß Schwarze nicht unmenschlich sein können. Armut und Unterdrückung schaffen ihre eigene Unmenschlichkeit.

Ein Beispiel dieses Vorgangs, der in den USA heute zu einer fast ausweglosen Situation führt, kommt aus dem Schulerziehungsbereich. Einerseits haben die Schwarzen nicht die sozialen Voraussetzungen wie viele Weiße. Andererseits steht ihre Lebendigkeit dem Kognitiven, worauf das Schulsystem basiert, im Wege. Der entstehenden Ungleichheit der Schwarzen im amerikanischen Schulsystem wird heute durch spezielle Förderungsmaßnahmen entgegengewirkt. Aber das berücksichtigt nicht die größere Verbundenheit der Schwarzen mit ihrer Lebendigkeit, die ja gerade wegen ihres Widerstands zu der weißen unterdrückenden Gesellschaft zustande kam. Also versuchen die heutigen Forderungen – die von allen als fair und positiv eingestuft werden –, ohne bewußtes Wollen diese Lebendigkeit auszuschalten. Deswegen das Ausweglose.

Hacker stellt in seinem Artikel über ›Affirmative Action‹[47] fest: »Um gute Ergebnisse bei dem College Admission Test zu erreichen, ist eine gewisse Ehrerbietung nötig.« Und das ist natürlich genau das, was der Rebell nicht machen will. Bei schwarzen Kindern basiert diese Rebellion zum Teil auf ihrer Fähigkeit, die Erwartungen ihrer Lehrer – die ja Macht über sie haben – zu »lesen«. Damit meine ich, daß sie die wirklichen Erwartungen ihrer Lehrer erraten und ihnen »entgegenkommen«. Diese Lehrer, meistens aus der Mittelklasse, gehen davon aus, daß diese schwarzen Kinder versagen werden. Indem die Kinder diesen Erwartungen entsprechen, bleibt ihre seelische Tiefe außerhalb des Zugriffs dieser im Grunde ihnen feindlich gesonnenen Lehrer; indem die Kinder sich diesen Erwartungen anpassen, können sie nicht von den Lehrern, die die Schwarzen verachten, im Innern, das heißt in ihrer Lebendigkeit, berührt werden.

Um welche Dinge das Innere dieser »Versager« kreist, legt eine Studie des Erziehungsdepartments des Staates New York[48] dar: Die Gründe, warum viele schwarze Schüler nicht auf den Lernstil der englisch-amerikanischen Kultur eingehen, sind folgende: A. Diese Schüler neigen dazu, räumliche Perzeptionen, Zahlen und zeitliche Begriff im *annähernden* Sinn zu begreifen. Sie zielen nicht auf vollkommene Genauigkeit. B. Sie neigen dazu, sich auf Menschen und ihre Aktivitäten einzustellen, anstatt sie als Objekte zu sehen. C. Sie sehen Dinge in ihrer Gesamtheit und nicht als isolierte Teile. D. Sie sind nicht abhängig von Worten, sondern geübt in nonverbaler wie auch verbaler Kommunikation.

Wenn Hacker bemerkt, daß schwarze Gruppierungen gegen diesen Bericht Einspruch erhoben haben, zeigt das nur, daß diese selber Merkmale des Menschseins als gering einstufen.

Die schwarzen Kinder jedoch halten dagegen, und mit großem Risiko, an gerade jenen Dingen fest, die wir, die wir es im System zu etwas gebracht haben, verloren haben.

Die Konstruktion der Computer, die unser Weltbild heute so sehr bestimmen, basiert auf Eigenschaften eines klaren Entweder-oder-Denkens. Das ist natürlich gerade die Art des Denkens, die die Gefühle ausschaltet. Solche Computer verarbeiten Daten auf der Basis einer einfachen (sauberen!) Wahl, zum Beispiel entweder »0«

oder »1«. Das können sie viel schneller als Menschen. Aber sie sind dem Menschen nicht gewachsen, wenn es zu einfachen Wahlen kommt wie dem Erkennen von Mustern. Ein Mensch kann mit einem Blick ein Pferd von einer Kuh unterscheiden. Es ist aber schwierig, einen Computer so zu programmieren, daß er solch eine Entscheidung trifft. »Digital«-Entscheidungen (entweder 0 oder 1) sind der Bereich des Computers. Aber unser Gehirn macht »Analog«-Entscheidungen, das heißt auf der Basis von *mehr* oder *weniger.*[49] Der CAT, der Test für die Aufnahme an amerikanischen Colleges, basiert aber auf digitalen Entscheidungen.

Diese schwarzen Kinder jedoch machen ihre Wahrnehmungsentscheide auf der Basis eines Annäherungsprozesses, der dauernd die Situation in seiner Gesamtheit differenziert. Diese Art von Entscheidungsprozeß zieht die totale Situation in Betracht, nicht nur einen isolierten Teil (das *A* und *B* des Berichts).

Dies ist auch die Art des Entscheidungsprozesses, der allem philosophischen Denken zugrunde liegt. Er hat die Qualität einer *Mehr-oder-weniger*-Entscheidung, nicht die Spaltung unseres Erlebens in ein *Alles oder Nichts.* Das erste erlaubt unseren empathischen Wahrnehmungen, in den Entscheidungsprozeß einzutreten, und relativiert dadurch die resultierende Differenzierung. Diese Art des Denkens – Analogentscheidung – widerspricht dem nach außen gelenkten Denken, das zum Erfolg in jenen Gesellschaften führt, die ihre Mitglieder von ihrem Herzen trennen.

Die Grundschwierigkeit: Wir kämpfen nie mit dem wahren Feind, sondern mit dem halluzinierten

Ein Merkmal dieser Grundschwierigkeit ist das Nichterkennen von Widersprüchen. Seite an Seite existieren Gedanken und Gefühle, die nicht integrierbar sind. Dissoziation ist die Grundregel, solange die Kultur Gespaltenheit fördert. Der haitianische Diktator von 1957 bis 1971, François Duvalier, wurde »Papa Doc« genannt. Über diesen Mann, der die meisten der 40000 getöteten Haitianer auf dem Gewissen hat, sagte einer der Unterdrückten in einem Interview: »Der Vater war hart, sehr hart. Er tötete viele, viele. Aber er hütete das Volk.«[50]

Den Haß im anderen nicht zu erkennen, das ist, könnte man

sagen, ein Grundsatz unseres Lebens. Wir machen etwas anderes daraus, indem wir ihn aus unserem Bewußtsein verdrängen und nur dem Image, das der grausame Herrscher von sich selbst gibt, glauben. Ceauşescus Kameraden wußten schon 1941, wie sehr er vom Haß getrieben war. Pavel Campeanu, einer seiner Mitkämpfer gegen das faschistische rumänische Regime in der Nazizeit, schrieb über ihre gemeinsame Inhaftierung: »Seine eindrucksvollste Eigenschaft jedoch war der tiefe Haß gegenüber seinen Gefängniskameraden, obgleich sie für dieselbe Sache kämpften und ihr Leben dafür riskierten. Ein allgemeiner, unpersönlicher Haß, nicht gegen irgendeine Person gerichtet, schien ihn zu verzehren. Es war so etwas wie eine frei schwimmende Wut und Verachtung für andere Menschen, überhaupt für Menschen in seinem eigenen Alter oder in Positionen, die er als geringer als seine empfand. Er konnte es nicht ertragen, einen Wettbewerb zu verlieren. Ich erinnere mich, daß er einmal im Gefängnis beim Schach verlor und es einfach ablehnte, mit dem Sieger zu sprechen. In seiner Beziehung zu uns anderen schien er ohne jegliche normale menschliche Gefühle zu sein, auf fremde Weise leer.«[51]

Edward Radzinskij, ein georgischer Dichter und Stalins Kampfgefährte, der von ihm für zehn Jahre ins Lager verbannt wurde, sah ihn so: »Die ›Professoren‹ (die intellektuellen Führer der Russischen Revolution) benötigten Koba (Stalin) für die Schmutzarbeit der Revolution. Ich könnte schwören, sie verachteten ihn, fürchteten und haßten ihn. Ich aber liebte ihn, denn ich verstand den großen Zorn meines heimtückischen und gnadenlosen Freundes, dieses Bergtigers der Revolution.«[52]

Nach seiner Entlassung aus dem Lager wurde er eines Tages von Stalin eingeladen, und wieder erlebte er den Stalin, den er gekannt hatte: »Er blickte mich liebevoll an, und ich liebte ihn.« Und das, obwohl Radzinskij Stalins Grausamkeit gerade am eigenen Leib gespürt hatte. Stalin konnte sich schrecklich bemitleiden, wenn er sich von alten Freunden verlassen fühlte – Menschen, die er getötet hatte! –, und bittere Tränen vergießen. »Und wie er weinte. Denn was auch geschehen sein mochte, sie blieben dennoch unsere Freunde!«

Wir erhoffen Liebe von denen, die uns leiden lassen. In diesem Sinne sind wir alle verdreht, denn wir alle haben bis zu einem gewissen Grade Böses erlebt, das wir aber ins »Gute« verkehren. Doch dieser »gewisse Grad« enthält auch die Rettung, weil es keine gänzliche Unterwerfung unter die Grundlüge heißt. Wenn Schmerz ausgehalten werden kann – bei allem inneren Kampf, den das bedeutet –, ist man der Wahrheit gegenüber noch offen.

Jedoch ist es ein fast universales Anliegen, von der Wahrheit abzulenken. Ein markantes gegenwärtiges Beispiel ist das Ausmaß der Drogensucht. Die Drogensucht ist beides, Ausdruck einer unerträglichen Lage wie auch das *Bedürfnis,* der Wahrheit über die Lage zu entkommen. Dieses Bedürfnis ist so perfide, daß das Problem der Drogensucht in Worten anerkannt wird, aber gleichzeitig sein Ursprung in der Unerträglichkeit des menschlichen Daseins verschleiert wird.

Das Drogenproblem wird zum Feind Nummer eins erklärt. Dadurch wird von seinen Ursprüngen im doppelten Sinn abgelenkt: erstens von den Ursprüngen, die das Problem geschaffen haben. Zweitens lenkt es, indem es der Feind Nummer eins ist, von all dem ab, was die Menschheit auch sonst noch bedroht.

Mit anderen Worten, das »Problem« Droge wird zum Ersatz für Lebenssinn genommen, indem es zum überwältigenden Feind erkoren wird. Die Lösung von Problemen setzt eine andere Mentalität voraus als die, die Feindbilder zum Leben braucht.

Der Ruf nach »law and order« beinhaltet keine wahren Lösungen. Präsident Bush ernennt in den USA einen »Drug Zar«, William Bennett, um den Drogen den totalen Krieg zu erklären. Ganz im Sinne eines Feindes, den viele Menschen brauchen, aber nicht im Sinne einer Lösung. Dazu braucht es ganz etwas anderes als neue Gefängnisse, Massenverhaftungen oder gar das Enthaupten aller Drogenpusher, wie Bennett es forderte. Beulah Shepard, eine Gemeindeorganisatorin im schwarzen Armenviertel von Houston, macht mit der Feststellung »Wir würden kein Drogenproblem haben, wenn unsere Kinder Arbeit hätten«[53] den Unterschied klar zwischen denen, die wirkliche Lösungen anstreben, und denen, die am Feind festhalten.

Innerhalb unserer gesellschaftlichen Ideologie gibt Arbeit Menschen Halt. Besonders der Mann bezieht Bedeutung aus der Tatsache, daß er verdient und sich und eine Familie ernähren kann. Viele beginnen mit Drogen, weil ihre Arbeit ihnen keinen Halt mehr gibt. Das trifft besonders für die USA zu. Wie weit die USA als Modell für unseren drohenden persönlichen Zerfall gelten, zeigt folgendes:

Amerika stellt fünf Prozent der Weltbevölkerung und konsumiert mehr als die Hälfte aller harten Drogen auf dem Weltmarkt.[54] Das ist die wahre Ursache für die Auflösung der Sicherheit in den Vereinigten Staaten.

Hinter dieser Betrachtung ist der wirkliche Grund für den Untergang jeglicher Machtstruktur zu finden. Auf Macht aufgebaut, müssen sie an der Lüge über die Liebe festhalten. Wahre Zusammenhänge von individuellen wie auch gesellschaftlichen Zusammenhängen werden nicht gesehen. Die Jagd nach Feinden erhält dieses persönliche Grundgefüge aufrecht. Doch diese Jagd verbraucht zugleich enorme Energien von Staaten und Nationen und führt zwangsläufig in einen Verfall, den dieser Aufwand aufhalten soll. Betrachtet man den Untergang Roms, des Frankreichs von Napoleon, des faschistischen Deutschlands, der heutigen sogenannten kommunistischen Regime oder jeglicher anderer Großmächte, wir werden immer die Ursache für den Zerfall im Kern der Lüge über die Liebe finden. Sie schürt einen halluzinierten Feind und verhindert, den eigentlichen gesellschaftlichen Problemen von Grund auf nachzugehen. Je länger die Lüge aufrechterhalten wird, desto mehr pervertiert sie die ganze Sicht einer Gesellschaft und macht Korrekturen fast unmöglich, die als einzige Möglichkeit den Zerfall zurückhalten können.

Intelligenz alleine reicht nicht, um diesen Zerfall aufzuhalten. Zum Beispiel: Nikolaj Iwanowitsch Bucharin war ein hochintelligenter und einfühlsamer Mann, der dem intimsten Kreis um Lenin angehörte. Und trotzdem wollte er von Stalin, der ihn töten ließ, Bestätigung. Die »Partei«, die den Platz der Mutter einnahm, für die man sich aufopferte, wurde ihm zum Verhängnis.[55] Es war die Partei, eine abstrakte Idee, nicht ein eigenes Selbst, das ihm und seinen Kameraden inneren Halt gab. Das lieferte sie dann demjenigen aus, der die Partei beherrschte, Stalin. Und so blieb Stalin trotz seiner Grausamkeit für Bucharin bis zu seinem Ende der Mann, dem er sich in Hoffnung verbunden fühlte.

Unsere Intelligenz alleine liefert uns der Logik unserer Konzepte aus. Man braucht eine echte Gefühlswelt, um ihrer Verführung zu widerstehen. Ossip Mandelstam war einer der Unbeirrbaren, wenn er in seinem ›Epigramm gegen Stalin‹[56] ihn auf eine Weise beschrieb, die ihm, Mandelstam, das Leben kosten würde.

Und wir leben, doch die Füße, sie spüren keinen Grund,
Auf zehn Schritt nicht mehr hörbar, was er spricht, unser Mund,

Doch wenn's reicht für ein Wörtchen, ein kleines –
Jenen Bergmenschen im Kreml, ihn meint es.

Nur zu hören vom Bergmenschen im Kreml, dem Knechter,
Vom Verderber der Seelen und Bauernabschlächter.

Seine Finger wie Maden so fett und so grau,
Seine Worte wie Zentnergewichte genau.

Lacht sein Schnauzbart dann – wie Küchenschaben,
Und sein Stiefelschaft glänzt hocherhaben.

Um ihn her – seine Führer, die schmalhalsige Brut,
Mit den Diensten von Halbmenschen spielt er, mit Blut.

Einer pfeift, der miaut, jener jammert,
Doch nur er gibt den Ton – mit dem Hammer.

Und er schmiedet, der Hufschmied, Befehl um Befehl –
In den Leib, in die Stirn, dem ins Auge fidel.

Jede Hinrichtung schmeckt ihm – wie Beeren,
Diesem Breitbrust-Osseten zu Ehren.

Max Hayward schreibt in seinem Vorwort zu Nadeschda Mandelstams amerikanischer Ausgabe von ›Hope abandoned‹: »Mandelstam unterschied sich vor allem durch seine Immunität gegen das Verführerische in unserer Zeit, vor und nach der Revolution.«[57] Und seine Frau Nadeschda: »Da gibt es Menschen, deren Worte aus einer allgemein integrierten Sicht der Welt fließen, und vielleicht hat das immer für Dichter gegolten... Vielleicht ist es das, was sie dazu treibt, sich auszudrücken, und zugleich ist es das Maß ihrer Authentizität... Jeder Dichter ist ein Störenfried, ein Unruhestifter gegen den öffentlichen Verstand – das heißt, anstatt vorgekaute Meinungen zu wiederholen, zieht er neuen Sinn aus seinem Verständnis von der Welt.«[58]

Ich gebe jetzt ein ganz anderes Beispiel von einem Menschen, der in seinem Geschädigtsein das völlige Gegenteil eines Mandelstam darstellt: ein reduziertes Menschsein, das als solches von einer Gesellschaft, die dem Anschein von Stärke verfallen ist, nicht erkannt wird.

Zu einem Interview kommt ein Luzerner Skinhead mit einer Kette, einem Schlagring und einer Spraydose Tränengas. Er brauche das zu seiner Verteidigung. Er sei Realschüler, langweile sich, deshalb habe er sich einer Gruppe angeschlossen. Zusammen seien sie stark. Man müsse alles tun, was die älteren Bandenmitglieder verlangen. Er füge sich lieber, als wieder allein zu sein. Angst kenne er keine. In der Gruppe seien sie stärker als die Polizei. Die Gruppe braucht für ihre Legitimation natürlich einen *Feind:* »Die Säuberung der Stadt von Drogenabhängigen, Asylanten, Homosexuellen und anderem Gesindel.« Im Grunde langweile er sich, aber mit der Gruppe gehe er »saufen und etwas herumprügeln«, das mache das Leben spannend. »Ich würde verrecken, wenn ich nicht zuschlagen könnte.« Wer das Opfer ist, zählt im Grunde nicht, es ist wichtig, ein Opfer zu finden.[59]

Dieses Sein ist von außen gelenkt. Es braucht Unterwerfung und fühlt sich noch auserlesen und stark dafür.

Die andere Seite: Es braucht Václav Havel, um uns auf diese Perversion des Menschseins aufmerksam zu machen: In seiner Neujahrsrede 1990, als neuer Präsident der heutigen ČSFR, mahnte er: »Wenn ich von der verdorbenen sittlichen Atmosphäre spreche..., spreche ich von uns allen. Alle nämlich haben wir uns an das totalitäre System gewöhnt, es als eine unabänderliche Tatsache hingenommen und es so eigentlich am Leben erhalten... Alles auf die vorhergehende Regierung schieben können wir zum einen nicht, weil es nicht der Wahrheit entspräche, zum anderen aber auch, weil es die Pflicht abschwächen könnte, die heute vor jedem von uns steht, nämlich die Pflicht, selbständig, frei, vernünftig und schnell zu handeln.«

Cordelia Edvardson hat gezeigt, daß solch ein Verhalten gar nicht von offensichtlicher Roheit und Gewalttätigkeit begleitet zu werden braucht. Die Kehrseite der Verantwortung ist der Versuch, dieser Verantwortung durch Heldentum zu entkommen. Sie sprach von einem gebildeten Paar, dem sie in einem Erste-Klasse-Abteil begegnete. Die Dame sprach über Goethe und seinen ›Faust‹ und beklagte sich, daß es nicht einen einzigen edlen Menschen darin gäbe. Das kommentierte Cordelia Edvardson so: »Sophie Scholl und ihre Mitkämpfer wollten gar keine edlen Menschen – menschliche Menschen mit all ihren Gebrechen und ihrem Versagen wären schon genug gewesen. Es gab nur wenige davon: Ich glaube, daß Sophie Scholl mit ihren einfachen Worten eine grundlegende Einsicht ausdrückte. Nämlich dies: Das Streben nach ›edlen‹ oder ›neuen‹ Menschen kann direkt lebensgefährlich werden... Wer die Kräfte Satans entfesseln will, der spreche von der neuen Ordnung, vom neuen Menschen, von Opferwillen, Hingabe an das hohe Ziel, Selbstverleugnung und – ja, warum nicht? – vom ›edlen Helden‹... Halten wir uns an den alten Menschen – unter der Voraussetzung, daß er seine Unzulänglichkeit, seine Trägheit, seine Angst und seine Müdigkeit nicht verleugnet.«[60]

Nur so kommen Menschen zum eigenen Sein und zur wahren Verantwortung für sich selbst. Diese Äußerung von Cordelia Edvardson führt zu dem zurück, was in allen gewaltorientierten Gesellschaften zu ihrem eigenen Untergang beiträgt. Die Mächtigen beschützen die Täter, die ihre tödliche Gesinnung austragen.

Wenn Mörder beschützt werden, wird es dem Täter unmöglich gemacht, sich jemals seiner eigenen Reue stellen zu können. Er muß noch brutaler werden, um die Reste der eigenen Menschlichkeit zurückstoßen zu können. Die strafrechtlichen Auffassungen der meisten Gesellschaften basieren auf »Bestrafung«. Indem wir nur Schuldige suchen, ist uns nicht daran gelegen, daß ein Mensch sich selber für ein Vergehen gegen die Menschheit stellt. Das erzeugt immer wieder neue Brutalität und fördert nicht ihren Rückgang. Wichtiger ist es, einen »Feind« zu finden und zu bestrafen, statt das Problem zu beseitigen. Die halluzinierte Wirklichkeit des Feindbildes wird von unseren selbsternannten Führern für ihre eigenen Machtansprüche ausgenützt; weil wir in ihren Versprechen der Großartigkeit Erlösung suchen.

Shmuel, einer der Senioren in Barbara Myerhoffs wunderbarer und bewegender Studie über eine Gruppe älterer jüdischer Mitglieder eines Seniorenzentrums in Kalifornien, faßte dieses Problem auf folgende Art zusammen: »Wann immer Menschen sich an jemanden wenden, um erlöst zu werden, kommen sie ins Unglück – ob sie sich zu Gott oder zu Fremden mit welligem Haar oder blauen Augen wenden, es kommt alles auf dasselbe heraus. Wenn du dich im Traum eines anderen verfängst, mußt du Konsequenzen erwarten.«[61]

Das Ungelebte

Marti Siirala schriebt in seiner Studie ›From Transfer to Transference‹[62] über die Lebenslage des Menschen, daß unser Schuldbewußtsein eine Reaktion auf »ungelebtes« Leben ist. Er gibt ein Beispiel: »Eine meiner Patientinnen fühlte sich für alle Ewigkeit verurteilt, weil sie einmal, drei Jahre vor Beginn der Psychotherapie, onaniert hatte. Es war klar, daß das, was sie als ihr schlimmstes Vergehen interpretierte, da, wo sie ihre Schuld am tiefsten fühlte, in der Tat ein Wegweiser zu ihren unverwirklichten Möglichkeiten war und ein eigentlicher Ansporn, dies als solchen zu akzeptieren. Die Last ihres ungelebten Potentials war wirklich groß und das Ausmaß ihrer Schuldgefühle entsprechend riesig.«

Indem Schuld eine eigene Verurteilung gegenüber dem eigenen unterdrückten Innern sein kann, kann keiner – im Unterschied zum gängigen Denken über Schuld als Erlöser – als Mutter oder Vater, die verzeihend wirken, auftreten. Hier muß ein »Schuldiger« sich selber stellen. Man kann ihn begleiten, seine Qualen teilen, aber nicht vergeben. Das macht den »Schuldigen« und seinen Begleiter (oder Therapeuten) ebenbürtig; es gibt ihm die Möglichkeit, ein Erwachsener mit Selbstverantwortung zu sein. Verzeihen führt zu »mea culpa«, nicht zu Wachstum und Wandel.

Was es heißt, die Bürde des Ungelebten zu tragen, geht aus den Erlebnissen vieler amerikanischer Veteranen des Vietnamkrieges auf erschütternde Weise hervor. Die Regeln, die das Leben und Tun dieser Soldaten bestimmte, hatten nichts mit den Affekten zu tun, die dieser mörderische Krieg auslöste.

Die Mehrzahl der Soldaten, die nach Vietnam kam, glaubte, für eine gute und gerechte Sache zu kämpfen. Nach und nach wurden sie mit inneren Reaktionen konfrontiert, für die der gesellschaftliche Glaube an Amerikas Mission keinen Platz hatte. Hautnah erlebten sie die Grauen des Todes, die Ermordung von Männern, Frauen und Kindern. Sie selber mußten aus nächster Nähe töten, nicht aus entpersönlichter Distanz. Der Sinn ihres Tuns löste sich auf, und nur die Rettung der Kameraden hatte noch konkrete Bedeutung.

Aber all das vertrug sich nicht mit einer Ideologie, für die Feinde keine Menschen sind.

Es ist eine positive Aussage über uns Menschen, und hier über diese amerikanischen Soldaten, daß trotz des gesellschaftlichen Drucks, sich von dem Selbst abzuspalten, diese Männer, Tausende von ihnen, mit diesen Gefühlen des Grauens nicht durch Verneinung fertigwerden konnten. Immer wieder versuchten sie verzweifelt, sie zu verarbeiten, mußten aber versagen, da das gemeinschaftliche Vokabular diese Gefühlswahrnehmungen nicht einordnen konnte. Erling Eng[63], vielleicht der einzige unter den amerikanischen Therapeuten, der diese Vorgänge ernst nahm, sagte, daß seine Veteranenpatienten den eigenen Gefühlen mißtrauten, weil sie nicht zu einem patriotischen Kämpfer paßten. Selbstmorde und Gewaltausbrüche stiegen rapide an, sie flohen in Kriminalität, Alkohol und Drogen. Sie konnten ihrer Gefühle nicht Herr werden, aber sie konnten auch ihrem eigenen Leid nicht begegnen, weil es allem verinnerlichten Wissen von Männlichkeit widersprach.

Nach Jahrzehnten akzeptierte die offizielle amerikanische Psychiatrie endlich den Tatbestand, daß der Krieg die Ursache für das sich mit den Jahren erst vergrößernde und dann in eine persönliche Katastrophe mündende Leiden dieser als psychotisch, paranoid oder angstneurotisch eingestuften Menschen war. Dieser Zustand bekam den Namen »Posttraumatic Stress Disorder«, eine Störung also, welche durch ein ursprüngliches Trauma mit nachwirkendem Streß hervorgerufen wurde. Diese Formulierung leitet jedoch von einem Vorgang weg, in den die Gesellschaft selber verwickelt ist.

Erling Eng wagte es, in die Welt des Patienten hineinzusteigen, und erkannte, daß das Leiden dieser Patienten mit einem anderen von ihnen verdeckten Leiden verbunden war: Das Töten ohne Verantwortung, für das sie doch Verantwortung erlebten. Seine Patienten litten, weil die offizielle Ideologie Töten als ein Nicht-Töten hinstellte, es als einen abstrakten Akt sehen wollte, worin ein »böser« Feind, abgeschnitten von jeglicher Zugehörigkeit von des Soldaten eigenem Menschsein, ohne Schuld niedergemetzelt werden konnte.

Aber für viele dieser Soldaten war die Begegnung mit dem Feind individuell, es war kein distanziertes Töten wie aus einem Flugzeug. Die offizielle Sicht, die das Töten aus der Verantwortung enthebt, funktionierte nicht. Aber sie war die Brille, die ihrer eigene Sicht behinderte und den inneren Gefühlswahrnehmungen den Weg zu Ausdruck und Anerkennung versperrten. Diese Soldaten litten, weil sie nicht an sich selber herankommen konnten. Der Horror über das Töten eines anderen Menschen war aber in ihnen. Diese Menschen waren zerrissen, suchten verzweifelt, aber blind, nach Lösungen. Gefangen in der Ideologie, wollten sie nur ihrem Leiden entrinnen.

Nur wenige, wie der Vietnamveteran Ron Kovic[64], konnten sich von allein zu den Ursprüngen ihrer Krankheit durchringen, denn das heißt, wie Eng es formulierte, »eine uneingestandene Verantwortung auf sich nehmen zu können«.

Ein Mensch aber, der in der Nähe des Todes mit seinen eigenen, wenn auch unerkannten Gefühlen konfrontiert wird, kann seiner Verantwortung nicht entkommen. »Der Soldat sucht seinen Feind in seinen nächtlichen Alpträumen«, schreibt Eng. Er sucht blindlings eine Begegnung, die seine Menschlichkeit erhält.

In vielen »primitiven« Gesellschaften kann es nicht zu so einer Entwicklung kommen. Flora Donner, eine Anthropologin, schildert, wie die Iticoteri im Urwald von Venezuela dem Tod im Töten nicht entfliehen. Wenn sie jemanden töten, bleibt der Feind ein Mensch wie sie selber. Sie tragen seine leidende Seele als Bürde in ihrer eigenen Brust mit sich, bis er beerdigt werden kann. Sie wissen, daß der Täter an dieser Bürde selber sterben kann.[65]

Für die Soldaten des Vietnamkrieges war es ganz anders: Eng schreibt über einen dieser Veteranen: »Als er ins Spital kam, wollte er Elektroschocks, damit er den Alptraum seines Lebens nicht erinnern mußte...« Sie sprachen miteinander, bis Eng sich in die Lage des Mannes eingelebt hatte. Durch dieses Teilen konnte der Patient seine eigenen Gefühle wahrnehmen, sich mit ihnen konfrontieren, sich ihnen stellen und dadurch zur eigenen Kraft gelangen. Am Ende sagte er zu Eng: »Als ich hierherkam, wollte ich mehr als alles andere vergessen, was ich erlebt hatte. Jetzt erkenne ich, daß es ein Teil meines Lebens war, und will es nicht vergessen... Man muß den Tod erkennen, um leben zu können.«

Indem sich diese Männer ihrer Verantwortung stellen konnten, gewannen sie ihre Fähigkeit zur Liebe zurück. Hier erhält Antonio Porchias Gedanke, von Eng zitiert, seine vollste Bedeutung: »Liebe, die nicht ganz Leid ist, ist nicht ganz Liebe.«[66]

Die Angst, selbst zu sein, ist die Angst vor der Nähe

Das Ungelebte kommt nur zustande, weil uns vom ersten Tag unseres Lebens eingeprägt wird, daß Liebe verdient werden muß, daß sie kein Recht ist. Vor über zwanzig Jahren erschien eine psychologische Studie, die dieses Verhältnis von Liebe und Leistung als Baustein jeglichen Lernens propagierte. Dieses Buch, ›From Learning for Love to Love of Learning‹ (Vom Lernen für Liebe zur Liebe für das Lernen),[67] akzeptierte als gegeben, daß man für Liebe etwas leisten muß. Aus dieser Perversion der Liebe folgt Hörigkeit und Verlust des eigenen Selbst.

Durch diese Art von Liebe hören Menschen auf, liebend zu sein. Indem Liebe zum Ungelebten wird, wird sie zur Quelle jeglicher Gewalttätigkeit. Die Anthropologin Eleanor Burke Leacock beschreibt, daß in dem Moment, wo solche bedingte Liebe als »zivilisiertes« Verhalten den sich zum Christentum bekennenden Montagnais-Indianern im St.-Lawrence-Gebiet von Kanada im 16. Jahrhundert von Jesuiten beigebracht wurde, sie sofort anfingen, andere zu bestrafen.[68]

Wenn das eigene Sein nicht von Eltern geliebt wird, lernt man rasch, daß man für das Befolgen der gültigen Regeln geliebt werden kann. Diese Regeln haben mit Besitz und Kontrolle zu tun. Ein Jesuitenpater zum Beispiel sagte zu einem dieser Montagnais, daß es nicht würdig für eine verheiratete Frau sei, andere Männer zu lieben, und daß er gar nicht sicher sein könne, daß sein Sohn sein Sohn sei. Der Montagnais antwortete: »Du hast keinen Verstand. Ihr Franzosen liebt nur eure eigenen Kinder; wir aber lieben alle Kinder unseres Stammes.« Diese Indianer liebten ihre Kinder (sie schrien sie zum Beispiel nie an) für ihre eigenes Sein und nicht, weil sie den Selbstwert der Erwachsenen ergänzten oder für ihr Statusbedürfnis gut waren. Sie waren nie Objekte des Besitzes, durch den *wir* Selbstwert erringen. Die Liebe der Indianer war ohne Bedingung.

Le Jeune, dieser Jesuitenpater, hat eine aufschlußreiche Beschreibung hinterlassen: »Da sie weder eine politische Organisation, Ämter, Würden noch jegliche Autoritäten haben, gehorchen sie nur ihrem Häuptling, wenn sie ihm freundlich gesinnt sind. Sie töten einander nie, um Ehren zu erlangen. Sie sind zufrieden, einfach dahinzuleben, nicht einer übergibt sich dem Teufel, um Reichtum anzuhäufen.«

Bei uns gilt das Gegenteil. Natürlich sind die Eltern, die an der bedingten Liebe festhalten, genauso in einem gesellschaftlichen Gefüge gefangen, wie ihre Kinder es sein werden. Dieser Vorgang »vererbt« sich, wird erst unterbrochen, wenn eine innere Stimme wahrgenommen werden kann. Dann besteht die Möglichkeit, aus diesem Teufelskreis hinauszutreten. Aber der Prozeß ist schwierig, trotz der Leiden, denn die Angst, gegen das elterliche Gebot zu verstoßen, ist größer als der Wunsch, sich selber zu erreichen.

Durch die Augen unserer Patienten können wir das Spiel der Mächte erkennen. Henry kam als vierzigjähriger Mann in die Psychotherapie, weil er sich immer mehr von seiner gesellschaftlichen Welt zurückzog. Er klagte auch darüber, daß er keine Gefühle über den Tod seiner Mutter aufbrachte. Ein Hautekzem wurde von ihm als eigentlicher Grund für seinen gesellschaftlichen Rückzug angesehen. Nach einiger Zeit in der Therapie wurde klar, daß ihn seine äußerliche Entstellung vor dem menschlichen Kontakt »schützte«, den er sich bewußt wünschte. Seine Angst vor dem Ungelebten, vor seinen wirklichen Bedürfnissen nach Nähe, kamen nur auf diesem Weg ins Bewußtsein.

Ein Traum, in dem er ein kleiner Esel war, der dauernd von einer Frau mit Zucker gelockt wurde, entwirrte seine Beziehung zu einer dominierenden und kalten Mutter. Im Traum wurde er jedesmal von dieser Frau auf die Beine geschlagen, wenn er auf ihre Verlokkung mit dem Zucker einging. Seine Vorderbeine waren schon ganz wund, aber er, der Esel, konnte sich nicht anders verhalten. Denn wenn er *nicht* auf den Zucker einging, fühlte er, daß er der Frau nicht genügte. In seinen Assoziationen zum Traum kam zum Ausdruck, daß der Zucker nicht Liebe, sondern Belohnung war. Diese »Belohnung« in seiner Kindheit war die Anerkennung seiner Mutter, daß er sich ihren Verhaltensvorbildern gefügt hatte. Diese Anerkennung wurde als Tausch für eine Liebe angenommen, die er niemals erhalten konnte, ohne die er aber nicht hätte leben können. In der Sitzung, in der der Patient dies ausarbeitete, stieg die Angst, sterben zu müssen, empor. Nach dieser fast schreiend vorgebrachten Mitteilung kam seine Einsicht über die Angst vor der Nähe: *»Man versucht die Angst, die man befürchtet, aufrechtzuerhalten, so daß niemand an einen herankommen kann.«*

Es ist diese Angst, die uns trotz großer Sehnsucht nach Liebe dazu bringt, immer wieder und im Namen der Liebe der Nähe zu entkommen. Es ist der Hungerstreik gegen den Hunger, also gegen die eigensten Bedürfnisse.

Dieser Rückzug in eine total eigene Welt gleicht dem Autismus. Dieser ist wohl die äußerste Art, die ein Mensch entwickeln kann, um sich vor verletzender Nähe zu »schützen«. Auf höchst paradoxe Weise und ohne die damit einhergehende Unmenschlichkeit zu vertuschen, ist jegliche Art von Folter und jegliche Art von Feindbildinszenierung ein Versuch, sich vor dem Menschlichen in sich selber zu schützen. Nur haben die, die uns verletzen, foltern und vergewaltigen, den Eigenhaß in ein Hassen und Zerstören nach außen umgekehrt.

Es sind die »Gestörten«, die Auskunft geben über die Folterer, und jene, die ihr Leben reduziert und nach Paragraphen verbringen. Jeder hat das Leid und die Verletzung des Ungeliebtseins einmal erfahren, aber die seelisch Kranken schreien mit ihrem Kranksein dagegen auf. Sie haben nicht die Kraft für eine offene Erklärung ihrer Wahrheit – sie wurden ferngehalten von den Erlebnissen, die ihnen gesagt hätten, daß ihre Stärke gerade ihre Feinfühligkeit und ihre Fähigkeit, Schmerz zu ertragen, ist. Deswegen bleibt ihr Kampf vergeblich und selbstzerstörerisch.

Die anderen dagegen, die sich so »normal« geben, da sie die Regeln des äußeren Images einhalten, kämpfen nicht mit sich, sondern gegen das Lebendige. Bei ihnen steigt die Wahrheit über ihre Verleugnung des Lebens erst dann empor, wenn unter dem Druck der Ereignisse das Ungelebte hervorquillt. Dann aber bricht ihre Verhaltensfront zusammen, und in einem psychotischen Zusammenbruch stürzen sie sich und ihre Welt in den Tod. Wenn solch ein Mensch politische Macht errungen hat, betrifft es auch unsere Welt.

Man braucht sich nur an Hitlers Ende zu erinnern, in einem lodernden Berlin, in dem er noch kurz vor seinem Tod unzählige Mütter und Kinder in den U-Bahn-Schächten ertrinken ließ. Sie waren, da sie hilflos waren, für ihn wertlos. Die offiziell als krank Eingestuften geben Auskunft über diese Prozesse in uns allen. Auch sie bestehen auf der Lüge um die Liebe – nur anders. Sie kämpfen gegen die Lüge, solange sie in der ihnen Sicherheit gebenden Isolation bleiben können, unter der sie leiden. In dem Moment aber, wo diese durchbrochen zu werden droht durch die gefühlsmäßige Nähe eines anderen, lehnen auch sie Liebe ab.

Freud bezeichnete diese Vorgänge in einer Psychoanalyse als

Widerstand. Er dachte, daß seine Patienten den Kampf gegen die Genesung führen, um sich gegen vermeintlich böse Instinkte zu wehren. Er sprach von den »anticathexes«, womit das Ego sich gegen das unbewußte und verdrängte Es schützte. Freud sah die Ursachen dafür in Strukturen und Mechanismen, die um antigesellschaftliche Triebe kreisten. Das Gegenüberstellen von Trieb und Gesellschaft, worin Sozialisierung Unterdrückung der eigenen Triebe bedeutet, weil sie als antisozial eingestuft wurden, verurteilte im voraus jegliche berechtigte Auflehnung gegen die etablierte Autorität. Er konnte deswegen nicht »sehen«, was dieser Widerstand in seinen Patienten wirklich war. Aber er unterstützte ihren Versuch, sich selber zu verwirklichen.

Das geht zum Beispiel aus Abraham Kardiners Schilderung seiner Analyse mit Freud hervor.[69] Kardiner war unzufrieden mit Freuds Versuch, ihn in die Unabhängigkeit zu treiben, und suchte sich am Ende einen anderen Analytiker, an dem er länger hängen konnte!

Wir können heute erkennen, daß es unseren Patienten darum geht, der Nähe, die sie fürchten, auszuweichen. Sie verteidigen ihre Isolation, weil sie gar nicht glauben, daß man sie teilen könnte, und weil das Alleinsein, unbewußt, auch zu ihrer phantasierten Stärke wurde, einer geheimen Stärke, die auf Grandiosität und Verachtung baut. *Und* sie wollen nie wieder den Tod erleben, das heißt, niemals mehr mit dem Entzug der Liebe durch den Therapeuten konfrontiert werden. Es erfordert ungeheuren Mut vom Patienten, das nochmals zu beleben und zu erleben.

Man könnte sagen, daß unsere Patienten im Grunde auch das Bildnis ihrer Mütter (mehr noch als das der Väter) als unanfechtbare, gute Mütter aufrechterhalten wollen. Sie tun es aber nicht, indem sie die wahrhaft Guten töten, wie es die Angepaßten tun. Sie tun es, indem sie »beweisen«, daß niemand sie lieben kann, entweder weil die ihnen dargebotene Liebe ungenügend ist oder weil der, der sie offeriert, ungenügend ist. Hierin liegt der große Unterschied zwischen ihnen und den dem Bösen Angepaßten. Die ersteren töten nicht, sie machen nur ihr eigenes Leben qualvoll. Aber durch ihren Werdegang erkennen wir, was beiden gemeinsam ist, die Unerträglichkeit einer ungenügenden Liebe. Dazu möchte ich einige Beispiele geben.

Erstes Beispiel: Ein Patient, Mitte Vierzig, hatte eine Kindheit, die von einer ihn ausnutzenden Mutter geprägt war. Sie schenkte ihm ihre Aufmerksamkeit nur, wenn es ihrem gesellschaftlichen Image nützte oder sie ihn brauchte. Dann war sie für ihn sehr aufregend und verführerisch. In diesen Momenten spielte sie viel mit ihm, konnte ihn aber genauso schnell fallenlassen, wenn es ihr langweilig wurde. So von ihr buchstäblich verlassen, wartete er auf sie, rührte sich nicht vom Fenster weg, wo er nach ihr Ausschau hielt. Woran er sich später erinnerte, war ein Gefühl, daß ohne sie kein Leben war. »Ich versprach, für sie zu sorgen, wann immer sie weinte, und wenn sie mich in ihre Arme nahm – sie konnte mich gleich danach einfach fallenlassen, um einen Telefonanruf fröhlich entgegenzunehmen –, fühlte ich mich völlig glücklich.« Wenn er sich in diesen Momenten mit ihr vereinte, trat er auch in ihre Verachtung der Welt ein. Auf diese Weise vertuschte er seine Verachtung, die er gegenüber seiner Hilflosigkeit empfand. »Wir spotteten über alles – niemand war so gut wie wir.«[70]

Als Erwachsener klammerte er sich an eine Frau, die nichts geben konnte, falsch und gefühlskalt war. »Ich brauche ein Fundament, Berührung mit Kälte, mit dem Tod, einem Talisman für mich... Wenn ich alleine bin, dann ist es wie ein erschreckender Abgrund ohne Boden.«

Obgleich er sich durch die Wahl falscher Liebe erniedrigt fühlte, begnügte er sich mit *seinem* Geheimnis, daß er diese »Nicht«-Frauen verachtete. Und tiefer noch: Indem er so tat, als ob er sie liebte, wurde sein inneres Selbst aus dem Spiel gelassen. Es blieb unberührt. Zugleich befand er sich in der Panik, daß seine Mutter – oder später eine von diesen Frauen – ihn verlassen würden. Er fühlte, daß die Aufgabe kalter und trügerischer Frauen ihn in den Wahnsinn oder in den Selbstmord treiben würde. »Ich habe dann das Gefühl zu sterben, wie wahnsinnig – ich hätte als Kind verrückt werden können.« Fast im selben Atemzug drückte er auch seine Unfähigkeit aus, diese Verknüpfung zu durchschneiden. Er fühlte sich nicht stark genug: »Ich könnte keine Fenster im fünfzigsten Stock putzen oder ein Fallschirmjäger sein.« Und damit wandelte er seine Panik vor der Hilflosigkeit in eine Verspottung von Kraft um, indem er fiktive Normen von Tapferkeit als Kriterien echter Macht vorschlägt. Auf diesem Weg hielt er sich fern von wirklichen Beziehungen, und innerhalb einer phantasierten Sicherheit, die er aus seiner grandiosen Verachtung der ganzen Welt bezog, blieb er in einer das Leben vermeidenden Isolation.

Zweites Beispiel: Eine Patientin ruft mich aus dem Ausland an. Sie war knapp einer Vergewaltigung entgangen, ist verunsichert, verzweifelt und möchte sofort zurückkommen. Wir vereinbaren eine Sitzung für den nächsten Tag. Sie erscheint und redet gleichgültig über viele kleine Dinge. Ich erinnere sie an ihre Verzweiflung und an den Grund für diese Sitzung. »Es ist so weit weg und nicht mehr akut.« Daß ich sie an ihre Verzweiflung erinnere, empfindet sie als gewalttätigen Angriff. Ich muß mich in meiner Ehre verletzt fühlen, sagt sie mit Verachtung. Das heißt, da ich ihr entgegenkam, bin ich schwach, sie dagegen stark, indem sie sich isoliert, meine Zuwendung nicht benötigt. Dieses »Rühr-mich-nicht-An« ist der Schutz gegen die eigenen Erwartungen. Sie schützt sich, indem sie verneint, menschliche Zuwendung zu wollen. Das ist zu verstehen bei einer Kindheit mit Eltern, die beide mörderisch mit ihren Kindern umgingen. Aber noch etwas anderes kommt hier ins Spiel. Etwas Gutes zu erleben bedroht sie. Um dies zu vermeiden, versucht sie jene, die ihr freundlich entgegenkommen, zu provozieren. Dann kann sie sich in ihrer Einsamkeit bestätigt fühlen: Niemand ist menschlich, niemand berührt sie. Damit bleiben auch Vater und Mutter beschützt. Niemand ist besser als sie.

Drittes Beispiel: Eine andere Patientin drückte den Horror vor sich selber aus, der auch hinter Isolierungsmanövern steckt, wenn sie ihren Therapeuten beschuldigte, *nicht* mit ihrer Lage zu sympathisieren. Doch wenn sie meinte, Gefühle mit ihm zu teilen, fühlte sie gleichzeitig, daß ihr Therapeut sie »nicht mögen würde, wenn sie wirklich Angst hätte«. Also mußte sie die Angst verbergen, glaubte aber, sie zu teilen. In der Tat hatte sie gerade ein erschütterndes Kindheitserlebnis ohne jegliche Gemütsbewegung erzählt.

Dieser Widerstand drückt etwas Grundsätzliches aus, nämlich den Versuch, sich vor der Liebe zu schützen, die zum Verhängnis wurde. Das Nicht-geliebt-Werden, die Ablehnung als Kind, führte zu einer schrecklichen Verletzung des eigenen Seins, so daß das resultierende ungeheure Leid nur durch Isolierung und Verachtung (des eigenen Selbst wie auch des anderen) verdeckt werden konnte.

Im Grunde sind wir alle durch das Ausbleiben von Liebe verletzt worden. Nach der Stärke der Verletzung entwickeln wir alle Wege, diese zu überwinden. Die »Kranken« können nur weiterleben, indem sie andere nie an sich heranlassen, wissen aber nicht, daß das ihr tatsächliches Verhalten bestimmt. Doch über eins wissen sie sehr viel: Ungerechtigkeit.

Sie halten uns einen Spiegel vor Augen, um uns zu zeigen, daß wir nicht das sind, was wir zu sein glauben; daß wir Macht ausüben unter dem Deckmantel der Liebe und Fürsorge; uns gegenseitig verletzen, aber vorgeben, es sei zu unserem Besten. Diese Kranken können dies nur auf verhüllte Art ausdrücken, indem sie sich selber zum Objekt des Unbeliebten machen. Dadurch zeigen sie, daß *wir* niemanden lieben können. Indem sie sich durch ihr Klagen und Leiden unliebsam machen, verdecken sie, daß sie uns eigentlich anklagen. Sie schützen sich, indem sie zum Opfer unserer Ablehnung werden. Der Preis ihres »Selbstschutzes« ist ein Tod im Leben. Dadurch erkennen wir nicht mehr ihre und unsere menschliche Gemeinsamkeit. Dieser lebendige Tod liegt aber in der Ehrlichkeit über sich.

Die Angepaßten sind berührbar, solange man sie in ihrer Lüge um die Lüge bestätigt. Die Kranken dagegen sind überhaupt nicht faßbar. Gustav Bychowski gibt uns ein Bild von einer Frau, die ihren Wahn auf folgende Weise ausdrückte: Wann immer jemand sie ernst nahm, sie als wirklich akzeptierte, bekam sie einen Wutanfall.[71] Dadurch drückte sie ihre leidvolle Erkenntnis aus, daß sie äußerlich unecht sei, ihre Wirklichkeit radikal ablehnte. Für sie war es besser, nicht zu sein, als eine Lüge zu leben.

Beide Formen dieser Entwicklung können keine Nähe ertragen, aber aus unterschiedlichen Gründen. Für die, die sich der Macht unterwerfen, wird Nähe pervertiert. Entweder der andere unterwirft sich ihnen oder sie sich dem anderen. Wechselbeziehung ist hier niemals ein Austausch zwischen Ebenbürtigen. Es ist immer ein Spiel (ein strenges und gefährliches), in dem es darum geht, das Image des anderen als Herrscher oder als Diener zu bestätigen. Die dagegen, die von Anfang an nicht mitmachen, lassen sich erst gar nicht anrühren.

Beide haben Angst vor einem echten Selbst. Die ersten, weil das die Wahrheit über ihren Selbst-Verrat offenbaren würde, die anderen, weil solch ein Selbst sie dem Tode nahebringt.

Ochwiay Biano, der Häuptling der Taos Pueblos in New Mexico, beschrieb in einem Gespräch mit Carl Gustav Jung seine Beziehung zu Gott: »Was wir (in unserer Religion) tun«, sagte er, »tun wir nicht nur für uns..., wir tun es für die ganze Welt... Wenn wir es nicht täten, was würde mit der Welt geschehen...? Wir leben auf dem Dach der Welt; wir sind die Söhne von Vater Sonne, und mit unserer Religion helfen wir ihm täglich, den Himmel zu überqueren. Wir tun dies nicht nur für uns selber, sondern für die ganze Welt. Hörten wir auf, unsere Religion auszuüben, würde in zehn Jahren die Sonne nicht mehr aufsteigen. Dann würde für immer Nacht sein.« Jung schrieb darüber: »...daß der Mensch Gott etwas im Austausch geben kann, bewirkt Stolz, denn es hebt das menschliche Individuum zur Würde eines metaphysischen Faktors empor... Solch ein Mann hat im vollsten Sinne des Wortes seinen angemessenen Platz.«[72]

Wenn man aber eine Autorität außerhalb des Selbst suchen muß, wird es nur darum gehen, einen Erlöser zu finden, der einem die Verantwortung für das Selbst nehmen kann. Wie mit Mutter oder Vater, die man nicht in ihrem wahren Wesen sehen durfte, so sucht man ewig weiter nach denen, durch die die ursprüngliche Lüge weitergeführt werden kann.

Solche Erlöser können nie Götter der Liebe sein. Erlöser wird diejenige Autorität, die die Selbstverachtung und den Selbsthaß mildert, indem sie Gewalt und Verachtung gegen andere gutheißt. Das heißt Erlösung von der lauernden Schuld, weil man keine Verantwortung für sich selber übernommen hat. Solch ein von Menschen gemachter Gott kann Menschen nur in Verachtung halten. Im voraus verneint er, daß Menschen selbständig sein können. Solche Abgötter sind falsche Götter, im Spiegelbild von Menschen geschaffen, die sich selber verachten. Sie können weder sich selber noch andere lieben. Sie sind also Menschen, die sich Göttlichkeit anmaßen.

Wer wird zu einem falschen Gott?

Der »Trick« in der Entwicklung solcher Persönlichkeitsstruktur liegt in der Überbrückung innerer Leere durch eine gewaltige Überbewertung des von außen aufgesetzten Selbst. Solch eine Entwicklungswende in einem Sohn kann nur durch seine Mutter eingeleitet werden. (In einer Tochter hingegen erzeugt des Vaters Bevorzugung Schuld der Mutter gegenüber. Wenn diese verneint wird, wird die Tochter ihre tiefere Weiblich- und Menschlichkeit verwerfen und sich mit des Mannes Machtanspruch identifizieren.)

Es geschieht im Kontext einer Ödipus-Entwicklung, von der Mutter künstlich gefördert durch Verführung des Sohnes mit Lob, Aufmerksamkeit und Bewunderung. Gegen solche Bewunderung kann sich ein kleiner Junge nicht wehren, sie macht ihn zu wichtig. Und wenn er genügend damit überschüttet wird, wird er sich nie Schuldgefühlen zu stellen brauchen.

Ein Problem ist, daß solche mütterliche Erpressung den Kleinen wichtig macht, aber ohne Fundament einer wirklichen eigenen Kraft. Und eben das wird zum Fundament seiner Verachtung. Er wird im geheimen die Mutter – und später alle Frauen und Männer, also die ganze Menschheit – für die Überbewertung verachten, da er nur Leere in sich selber spürt. Er muß also, um sich davor zu retten, in die Grandiosität flüchten und die Rolle, die ihm die Mutter aufsetzte, als seine eigene akzeptieren. Aber in dieser Rolle des Retters wird er sich fortan am Leben selber rächen.

Volker Elis Pilgrim nennt solche Männer »Muttersöhne«.[73] Söhne wie Hitler, Stalin und Napoleon hatten besondere Beziehungen zu ihren Müttern. Pilgrim glaubt, daß dies im Zusammenhang steht mit einer tiefen Liebe zu diesen Müttern. Ich gehe davon aus, daß diese *scheinbare* Liebe eine verneinende Reaktion auf einen grundsätzlichen Haß war, den sie gegenüber ausbeutenden Müttern empfanden.

Es macht keinen Unterschied, aus welchem Grund solche Mütter das Bewußtsein ihrer Söhne so dominieren; ob sie sie zum Werkzeug ihrer Machtansprüche oder zum Retter ihres durch den Vater leiderfüllten Lebens machen. Ausschlaggebend ist die zum Außerordentlichen erkorene Bedeutung, die dem Jungen eingeimpft wird.

Alle diese Söhne (oder Töchter) haben gelernt, sich dem liebenden Image ihrer Mütter oder Väter anzupassen. Sie spielen diese

Rolle, ohne im Zuschauer jemals widersprüchliche Gefühle zu erwecken. Sie strahlen Liebe aus und mißbrauchen sie für tödliche Zwecke.

Das natürlich macht aus ihnen noch keinen Gott. Es bedarf des Mitgehens derer, die sich selber verachten und unzulänglich finden. Was diese anders macht, ist der Mangel an Grandiosität. Die Abwesenheit einer Verführung durch eine ehrgeizige Mutter läßt Grandiosität gar nicht erst aufkommen. Wahre Liebe macht angst, weil wir uns ihrer nicht wert fühlen. Was auf individueller Ebene zum Drama unserer Unfähigkeit zu lieben führt, wird auf politischer Ebene zum Drama der Menschheit. Der Trick derer, die wir zum falschen Gott machen, ist ihre Fähigkeit, die Menschheit zu verachten, sie aber als ihr Retter zu verführen.

Das können sie nur, weil Menschen sich mit falscher Liebe wohl fühlen – sie bedroht sie nicht. Sie suchen die Verachtung (wie widersprüchlich das auch sein mag), um von ihr erlöst zu werden. Das ist es, was falsche Götter brauchen, um es zu gebrauchen, und wodurch sie sich dann über andere erheben.

Falsche Götter beruhen auf einer Wechselwirkung: zwischen dem, der verachtet, und dem, der sich nicht lieben kann.

Es ist ein Teufelskreis: Mütter »erzeugen« Söhne spiegelbildlich zu jenem männlichen Wahn, unter dem sie selber leiden. Man kann mit der Ideologie der Macht als Kollaborateur, aber auch als Opfer mitmachen. Und so wird das Böse dauernd weitergegeben. Dieser Teufelskreis kann nur durch einen schmerzlichen Prozeß der Bewußtwerdung durchbrochen werden.

Eugene O'Neill hat in seinem Drama ›Alle Reichtümer der Welt‹[74] diesen Vorgang in all seiner Komplexität und schleichenden Raffinesse erspürt. Viel mehr als von der Fachliteratur erkannt, erkennt O'Neill den Zusammenhang zwischen Mutter-Sohn-Verstrickungen und ihrer Entwicklung im Kind zum Kalten, Destruktiven und zur Grandiosität.

O'Neill, wahrscheinlich wegen seiner eigenen Verstrickung mit einer drogensüchtigen Mutter, ermöglicht es uns in seinem Drama, diesen Werdegang zu erleben. Indem wir es *erleben,* behindern uns die logischen Denkstrukturen nicht bei der gefühlsmäßigen Erkennung dieser Zusammenhänge. Ich finde es wichtig, dieses Bühnendrama hier genauer darzustellen.

In O'Neills letztem Drama erlebt der Zuschauer eine Wahrheit, die er im täglichen Leben nicht an sich herankommen läßt: Der Realismus der Mächtigen wurzelt in einer irren Phantasiewelt. Im Fall von Simon, dem mächtigen Fabrikbesitzer im Drama, entwickelt sich sein Streben nach Macht aus der verzweifelten Hilflosigkeit seiner Kindheit.

Einerseits lockte ihn seine Mutter mit dem Versprechen, Anteil an ihrer Phantasiewelt haben zu können; andererseits schloß sie ihn aus, wenn es ihr nicht genehm war. Diese Willkür machte das Besitzen und Besitztwerden zum Motor seines Lebens. Jedoch verhüllt die Form, in der sich sein Streben nach Besitz ausdrückt, der »Realismus« des Wettbewerbs, diese tiefere Motivation. Aber durch die Wechselwirkung des Einanderbesitzens zwischen Mutter und Sohn gibt O'Neill uns Einblick in den Entstehungsprozeß des Psychopathen.

Ich verwende den Begriff »Psychopath« etwas anders, als er in Europa gebräuchlich ist, und habe dies in meinem Buch ›Der Wahnsinn der Normalität‹ angeführt. Der amerikanische Psychiater Hervey Cleckley schreibt in seinem grundlegenden Werk ›The Mask of Sanity‹ über den Psychopathen, der innerhalb der psychiatrischen Krankheitsbilder ein ungelöstes Rätsel blieb: »Der Beobachter ist mit einer überzeugenden Maske von geistiger Gesundheit konfrontiert. Die Außenansicht dieser Maske ist vollkommen intakt; man kann sie nicht mit Fragen durchstoßen, um zu den tieferen Schichten vorzudringen. Der Prüfende trifft nie auf das Chaos, das man manchmal unter der Oberfläche des paranoiden Schizophrenen findet. Das Denken verläuft unter psychiatrischen Gesichtspunkten in ganz normalen Bahnen, und in Tests, die verborgene Störungen aufdecken könnten, kommt nichts zutage... Nur sehr langsam steigt der Verdacht auf, daß es sich trotz dieser Intaktheit... hier nicht im geringsten um einen intakten Menschen handelt, sondern um eine subtil konstruierte Reaktionsmaschine, die eine menschliche Persönlichkeit perfekt nachahmen kann. Dieser einwandfrei arbeitende psychische Apparat bringt nicht nur unermüdlich Proben richtigen Denkens hervor, sondern auch die passenden Nachahmungen normaler menschlicher Gefühle, die auf nahezu alle Reize des Lebens reagieren. Die Kopie eines vollkommenen und normalen Menschen ist so perfekt, daß niemand, der einen solchen Menschen in der klinischen Situation untersucht, in wissenschaftlich objektiven Begriffen darlegen kann, wie und warum er nicht real ist. Und doch wissen oder fühlen wir, daß er keine Realität im Sinn eines voll und gesund erfahrenen Lebens hat.«[75] Das Handeln dieser Menschen ist abgetrennt von irgendwelcher Mitbestimmung durch Liebe und hält unser Sein in seiner Bezogenheit auf Leiden und Liebe zum Narren.

Verachtung und Vertuschen sind seine Grundzüge. Der Psychopath erkennt die inneren Widersprüche in der Seele anderer. Und er weiß, daß man sie gegeneinander ausspielen kann, um Macht über diesen anderen zu bekommen. Er lernte dies durch den Umgang der Mutter mit dem schwachen, sich in der Not befindenden Vater, auch wenn er gewalttätig ist. Diese Not wird zur Schwäche, weil sie von der direkten Macht der Mutter in der Familie oder zum eigenen Leiden ausgebeutet wurde. Deswegen wird das menschliche Schuldempfinden zum manipulierten Objekt in den Händen solcher Menschen. Sie können Schuld ausspielen, Schuld einflößen, Menschen dazu bringen, sich ihrer Schuldgefühle zu schämen, oder sie davon erlösen.

Die Merkmale in der seelischen Entwicklung solcher männlichen Psychopathen sind immer die folgenden.

Erstens: Der Vater wird gehaßt und verachtet, aber es findet keine eigentliche Auflehnung statt, weil Haß und Verachtung die Gefühle der Mutter zum Vater widerspiegeln, nicht die eigenen Gefühle. Sie revoltiert nicht, sondern ist in einen täglichen Kampf verstrickt, um dem Vater seine Schwäche, die oft im Alkoholismus liegt, zu beweisen. Dieser Kampf mündet nicht darin, den Vater zu verlassen, sondern in einen subtilen, unausgesprochenen Vorwurf.

Zweitens: Die Frauen dieser Männer haben kein Eigenleben. Sie können voller Ehrgeiz sein, aber ihr Lebensgrundsatz ist die Verherrlichung der Macht des Mannes. Diese zu besitzen ist ihr Ziel, nicht die Kraft ihrer eigenen Weiblichkeit. Das kann auf unterschiedliche Weise erreicht werden. Richard Nixons Mutter war zum Beispiel ehrgeizig, Hitlers Mutter spielte ihr Leiden aus. Gemeinsam ist, daß dem Sohn beigebracht wird, eine außerordentliche Bedeutung und Wichtigkeit für die Mutter zu haben, ganz im Gegensatz zum Vater. Dieses Versprechen macht es unmöglich, die eigene Kraft zu finden. Sie werden dauernd auf ihre Mütter eingestimmt sein. Sie verachten sich und ihre Mütter für diese Schwäche wie auch dafür, daß ihre Mütter vorgeben, sie für ihre »Stärke« zu lieben, wo sich die Söhne im Grunde eher als unzureichend empfinden. Übrig bleibt nur, der Bewunderung der Mutter zu entsprechen und sich der Größe zu verpflichten (für Frauen ist dieser Prozeß weithin um den Vater gebaut, wie ich es auch im Falle von Margaret Thatcher darstellen werde).

In ›Alle Reichtümer der Welt‹ zeigt uns O'Neill, wie solche Menschen ihre tödliche Gesinnung erleben und wie sie diese auch immer wieder durch die Unmöglichkeit, sich selber zu stellen, verdrängen.

Das Drama spielt im Massachusetts des frühen 19. Jahrhunderts in der Familie eines reichen, trunksüchtigen Textilfabrikanten. Dieser hatte gegen Ende seines Lebens seinen Reichtum verspielt, starb aber, bevor sich auf ihn eine eventuelle finanzielle Katastrophe auswirken konnte.

Sein Sohn Simon wird zum mächtigen Nachfolger, der alles auf Eroberung und Vergrößerung seines Imperiums setzt. Deborah, seine Mutter, will alle hinter den Kulissen beherrschen. In diesem Begehren spielte ihr Sohn von klein auf eine dominierende Rolle. Durch ihn, indem sie sich seines Seins bemächtigt, versucht sie, sich eine Welt zu gestalten, in der sie auf der Ebene der Phantasie Macht ausüben konnte.

Um dies zu erreichen, verführt sie ihn: Sie macht ihn einerseits zum Partner ihrer großartigen Phantasien. Andererseits, wenn sein Bedürfnis, ihr alles zu sein, ihr zuviel wird, kann sie ihn genausogut fallenlassen, um in der Willkür ihres Begehrens nicht berührt zu werden. So entsteht ein ewiger Machtkampf, den anderen zu besitzen um des Besitzes willen. Nur das gab beiden ein Gefühl von innerem Wert. Das ist die Grundlage ihrer Beziehung, überzogen aber von der Semantik der Liebe, die beiden zur Last wurde. So führt uns O'Neill ein vergebliches Ringen um Liebe vor Augen, die nur zerstört, weil die Gier nach Macht und Besitz ihren Platz einnahm.

Einige von O'Neills Darstellungen sollen seine einzigartige Tiefe im Erfassen des Leids, des Zerstörerischen und der resultierenden seelischen Armut dieser Menschen belegen und zugleich die Dynamik ihres Tuns offenbaren.

Hier ein Dialog zwischen Mutter und Sohn, nachdem sie sich viele Jahre nicht gesehen haben:

> Simon: Ich dachte gerade daran, wie du jede Rolle vollendet gespielt hast, wenn du mir Märchen vorgelesen hast. Eben warst du die gute Fee oder die gute Königin oder die arme kleine Prin-

zessin, die schlecht behandelt wurde – das war herrlich –, aber im nächsten Moment warst du gleich die hartherzige Königin oder die böse Fee oder die schreckliche Hexe, und mir lief die Gänsehaut über den Rücken.
Deborah: Du warst außergewöhnlich sensibel und hattest eine große Einbildungskraft – als Kind.

Hier schiebt sie die Verantwortung für seinen Beitritt an ihre Seite ihm zu, und gleichzeitig sagt sie ihm, daß er heute nicht mehr so »talentiert« ist!

Simon: Und was für eine Rolle spielst du jetzt, Mutter...? (Nach einigem Hin und Her)
Deborah (scheint sich plötzlich ganz zu verlieren – arrogant): Nein. Ich habe vorgezogen, die geheime Macht hinter dem Königsthron zu sein – eine ehrgeizige Abenteuerin am Hofe, aus der Gosse aufgestiegen und zu hohen Ehren gelangt, um an das Ziel zu kommen, das sie sich selbst gesteckt hat – Favoritin des Königs zu werden und ihn durch seine Leidenschaft zu ihrem Sklaven zu machen!

Es ist aber auch klar, daß ihre Phantastereien eine Flucht waren, die einzige Möglichkeit für sie zu leben, weil ihr Mann alle ihre Versuche, an seinem Leben Anteil zu haben, vollständig ablehnte. Sie erzählt davon nach dem Tode ihres Mannes.

Deborah: ...eines Abends (habe ich) tatsächlich meinen Mann beim Abendessen gefragt...: »Wie gehen die Geschäfte jetzt? Das interessiert mich sehr. Hat Präsident Jacksons Streit mit der Bank der Vereinigten Staaten einen günstigen Einfluß auf deine Im- und Exporte?« Schweigen breitete sich aus. Ist diese merkwürdige Frau nun völlig verrückt geworden? Nein, sie phantasiert nur wieder. Deborah hat immer phantasiert.

Die tiefe Verzweiflung eines Lebens, das nur auf Phantasie und Macht aufbaut, wird von Deborah so ausgedrückt:

Ich hatte einmal einen Punkt erreicht, wo ich so verloren war, wo ich nicht einmal mehr einen Traum träumen konnte, ohne mich selber wütend auszulachen. Ich habe auf meine Seele und mein Herz gespuckt... Ich habe den Tag verflucht, an dem ich geboren wurde, den Tag, wo ich gleichgültig empfing, den Tag, an dem ich gebar (mit furchtbarer Intensität). Bis ich, das schwöre ich dir, fühlte, mit einem kleinen weiteren Schritt hätte ich die Tür zum Wahnsinn aufstoßen können! Und wie habe ich mich nach diesem Ausweg gesehnt! (Sie dreht sich plötzlich um und starrt Simon mit Haß an.) Ah! Und du wunderst dich, warum ich dich hasse! (Plötzlich von Angst und Schrecken ergriffen, springt sie auf.) Simon! Was hast du vor! Laß mich allein! Laß die Vergangenheit ruhen in ihrem verschlossenen Grabe! (Versucht, Herrschaft über sich zu gewinnen und gleichgültig zu erscheinen.) Offen und ehrlich, ich mag deinem Unsinn nicht weiter zuhören.

Er hatte gerade versucht, sie mit seiner Sehnsucht zu erreichen.

Und hier ist Simon mit seiner Sehnsucht nach einer unmöglichen Abhängigkeit, nach einem Verschmelzen mit dieser Mutter, das sie selber in ihm züchtete, dann aber immer abwies, weil es sie bedrängte.

Simon: Weißt du, Mutter, in letzter Zeit habe ich angefangen, mich nach diesem Garten zu sehnen – nach dir, wie du früher warst! Ich trauere um das Paradies, in dem du die gute, freundliche, geliebte, schöne Königin warst. Mir ist alles so lästig geworden, Mutter, was sie da draußen, außerhalb der Mauer, Leben nennen.

Und nur kurz zuvor hatte er noch sagen können: »Ich habe mich vor langer Zeit aus eigenem freien Willen von deinem Einfluß befreit.« Aber das nur, weil er die Welt anstelle der Mutter erobern muß.

Simon: Ich habe heute mit der Eisenbahn abgeschlossen. Sie geht in den Besitz der Firma über... Für uns ist das ein weiteres Glied in der Kette unserer Unternehmungen. Meine Schiffe bringen Baumwolle zu meinen Fabriken. Dort wird mein Tuch fabriziert und auf meine Eisenbahn verladen. Aber es fehlt noch sehr viel, bis die Kette komplett ist... Als nächstes muß ich meine eigene

Bank bekommen. Dann kann ich meine Firma selbst finanzieren. Nichts darf mich auf dem Weg zu meinem Ziel aufhalten... die Firma autark zu machen. Sie muß die umfassende Sicherheit totaler Autarkie erreichen – die Macht, die als einzige einem das Recht gibt, kein Sklave zu sein!

Darum geht es, frei von Bedürfnissen zu sein, die mit dem Bedürfnis um Liebe anfingen, in einem vergeblichen Kampf mit der Mutter um das Besitzen ihres Seins mündeten und dann in einem gewaltigen Verlangen nach Unverwundbarkeit endeten. Das ist das Tödliche hinter jedem Machtanspruch, das Neinsagen zu dem Bedürfnis nach Liebe und seine Bemächtigung durch das Kontrollieren und Besitzen des anderen. Nur wenn er/sie dir gehört, kannst du sicher sein. Das aber tötet alles Lebendige.

Und wie reagiert Deborah auf seinen Ehrgeiz? Sie versucht, ihm den Boden zu nehmen, denn seine Stärke, wenn sie nicht für sie ist, bedroht ihren Anspruch auf ihn.

Deborah: Ich verstehe, Lieber, daß du sehr weit fort von mir gegangen bist – und dich selbst verloren hast und sehr allein bist.
Simon: Verloren? O nein, das glaube nur ja nicht! Ich gewinne immer. Warte nur ab, Mutter! Ich werde dir beweisen, daß ich die Firma zum ruhmreichen endgültigen Triumph führen werde – vollkommene Unabhängigkeit und Freiheit in sich selbst!

Hier haben wir den Versuch, sich unverwundbar zu machen, indem Bedürfnisse, das heißt, indem wir andere benötigen und durch sie verletzt werden könnten, im Inneren getötet werden. Das aber führt auch zu einer abgrundtiefen Leere, die dann wiederum nur durch eine Vertiefung des Machtstrebens kompensiert werden kann.

Simon: Aber manchmal in letzter Zeit, Mutter, wenn ich allein in meinem Kontor saß, war ich des ganzen Spiels so müde – immer jede Karte, die ich von der gegenüberliegenden Seite des Tisches herüberholte, mißtrauisch zu untersuchen – obwohl ich sie alle markiert hatte –, zuzusehen, wie meine Gewinne sich stapelten, und zu fühlen, wie mein erschwindelter, sieghafter Triumph sich in Ärger und Unzufriedenheit umkehrte – die Flamme des Ehrgeizes schmolz in eine frostige Verzagtheit –, als ob der innere Opponent tödliches Gift, das Gift der Verachtung, hineingespuckt hätte.

Das einzige, was einem Menschen die Leere nimmt, ist das Teilen der wahren Gefühle mit einem anderen, ganz anders als das Einanderbesitzen. Im umgekehrten Fall bleibt übrig, mit dem Tod zu spielen. Tod wird dann die große Attraktion für solche Menschen.

Simon: Gefahr ist immer da... Es ist wie der Seiltanz über einem Abgrund... Aber du mußt nicht hinabschauen, denn dann wirst du unsicher und gerätst in Versuchung, dich hinunterzustürzen... Glaubst du, ich weiß nicht, wie diese Sehnsucht, Schluß zu machen, endlich Frieden zu finden, einen fasziniert? Wieder still sein können oder umkehren, um Ruhe zu finden!

Im englischen Original ist es noch direkter: »...sich zu zerstören ist, frei zu sein.« Als hätte O'Neill geahnt, was in Hitler passierte, als er zu Albert Speer sagte: »...es fällt mir leicht, mein Leben zu beenden. Ein kurzer Moment, und ich bin von allem befreit.« Der einzige Weg der Menschen mit innerer Leere, ihre Jagd nach Größe aufzugeben ist, sich – und uns – in den Tod zu führen.

Der unerträgliche Schmerz durch die »Nicht-Liebe« einer Mutter, die selber von des Mannes Welt in die Irre getrieben wurde, wandelt sich in Arroganz und Brutalität. Das Resultat ist erschütternd. In einer der letzten Szenen dieses Dramas wird es dargestellt. Hier sehen wir die Mutter in ihrer ungeheuren, destruktiven Lieblosigkeit und den Sohn als das kleine schreiende, nie satt werdende Baby, das er wirklich ist.

O'Neill wußte offensichtlich ganz intuitiv, wer diese großen Männer, diese falschen Götter wirklich sind: armselige, weinende Jungen, die mit ihren Tränen nicht nach Liebe schreien, sondern nur voller Zorn und Vorwurf auf ihre Mütter zeigen: Wenn du nicht mein wirst, taugst du nichts. Niemand hier übernimmt Verantwortung für sich selber. Simon spricht zu seiner Mutter über ihren Garten und ihre Träume, die er damals als Kind nicht mehr begleiten durfte, mit bitterem, nachträglichem Vorwurf:

Ich habe nie das beängstigende Gefühl vergessen, als ich mich plötzlich betrogen sah. Ich war so verlassen und allein in einem Leben, wo es keine Sicherheit, keinen Glauben und keine Liebe gab, sondern nur Gefahr, Mißtrauen und unersättliche Gier. Bei Gott, damals habe ich dich gehaßt! Ich wollte, du solltest tot sein! Ich habe gewünscht, ich wäre nie geboren!

Deborah (mit offensichtlich vorgespielter Reue, die nur dünn grausame Befriedigung verdeckt): Ich konnte deine zuckenden Finger fühlen, die in den geheimsten Winkeln meiner Seele herumwühlten. Da mußte ich dich auf irgendwelche Weise warnen, und ich dachte, ein Märchen ... (Plötzlich verändert sich ihr Ausdruck in Furcht vor sich selbst – verwirrt.) Nein! Das habe ich nie gemeint! Das hast du mir eingeredet! Das ist dein Wahnsinn, der mich so etwas sagen läßt! Und wie kannst du zugeben, daß du deine Mutter gehaßt hast und ihren Tod wolltest!

Simon (leidenschaftlich): Alles, was ich will, ist nur, daß du zurückfindest – öffne die Tür, und führ mich zurück. Da werden nur du und ich sein! Dort ist Friede und Glück bis an das Ende unserer Tage! Glaubst du mir nicht, Mutter? Ich sage dir, ich weiß das.

Der Sohn sucht Erlösung in einer Umarmung, die nur den Tod der Eigenständigkeit bedeuten kann. Er regrediert deswegen am Ende des Dramas zum Baby.

Der Selbsthaß, erzeugt durch die Unterwerfung unter eine Mutter, die selber keine wirkliche Kraft hat, wird zur Antriebskraft für den falschen Gott. Aber die Not vieler Menschen, von den eigenen Zweifeln über ihre eigene Unzulänglichkeit befreit zu werden, ist so groß, daß sie nicht glauben wollen, daß die Mächtigen auch aus einer inakzeptablen, verneinten Angst heraus agieren.

Das Geheimnis, das hinter der Suche nach Macht liegt, ist nicht einfach Verunsicherung, geschändeter Stolz oder Erniedrigung, so wie wir alle sie täglich in unserer Gesellschaft erleben. Es ist die schrecklichste Verletzung, die ein Kind erleben kann: das Nicht-geliebt-Sein. Sie bewirkt eine so tiefe Verzweiflung, daß die Erinnerung daran unter allen Umständen vermieden werden muß, und das gelingt durch Macht und nochmals Macht.

Im wirklichen Leben wie im Drama – als Simon wieder zum kleinen, weinenden Knaben wird und sich seine Mutter ihm nicht ergibt – brechen diese Menschen auseinander, wenn sie ihr Machtstreben nicht verwirklichen können. Hitlers Tobsuchtsanfälle oder Lyndon B. Johnsons paranoide Wutausbrüche, wenn sie nicht ihren Willen durchsetzen konnten, sind dafür ein Beispiel. Aber sie zeigen auch, wie sich die Umwelt verhält, die den Tatbestand dieses Wahnsinns verneint.

Ein Grund, warum diese Leute so erfolgreich andere Menschen manipulieren, ist ihre unheimliche Sicherheit, Widersprüche im Charakter der anderen zu spüren. Sie erkennen Schuldgefühle in anderen und können sie erzeugen, weil in ihrer Entwicklung ihre eigenen Schuldgefühle durch ihre Mütter unterdrückt wurden. Man wird überempfindlich für das, was in sich selbst verneint wird. Und da diese Menschen auch das Leiden verneinen, bewegt es sie nicht, anderen Leid zuzufügen. Im Gegenteil, sie verhöhnen das Leiden und damit die Menschheit selbst.

Sie fühlen sich ständig von Feinden umzingelt, denn nur solch eine Auslegung der Realität bestätigt ihren Haß und ihre Rachsucht. Ihr Unbewußtes ist weit entfernt von dem, was Freud beschrieb. Ihr Unbewußtes wird nicht von verdrängten erotischen Trieben bestimmt, sondern vom Selbsthaß, erzeugt durch die Unterwerfung unter die Mutter. Unter der Qual eines Mißerfolgs kann dieses Unbewußte ungetarnt nach außen dringen und zeigt sich als Psychose. Aber sogar dann werden diese falschen Götter noch beschützt. Die Not vieler Menschen, von den eigenen Zweifeln über die eigene Unzulänglichkeit befreit zu werden, ist so mächtig, daß sie nicht glauben wollen, daß die Mächtigen auch Angst vor ihrem eigenen tiefen und verneinten Leid haben.

Dieses unheilvolle Bündnis zwischen Verzweiflung, die nicht eingestanden werden kann, und Machttrieb, verbunden mit der Notwendigkeit, andere zu verachten und zu demütigen, ist wohl so alt wie die Menschheit oder so alt wie die Geschichte der Menschen, die uns durch Mythen und Sagen und später durch das geschriebene Wort überliefert wurde. Diese Allianz ist die Quelle jener Geschehnisse, die wir zur »Geschichte« und somit zum Fokus unseres Selbstbewußtseins machen.

Aber was ist »Geschichte«, wenn nicht Glorifizierung von Gewalt, Mord, Diebstahl und Vergewaltigung? Anatole France beschreibt in seinem satirischen Roman ›Die Insel der Pinguine‹[76] die Entstehung unserer Gesellschaft und Kultur. Nachdem der heilige St. Maël eine Gruppe von Pinguinen aus Versehen getauft hat, müssen diese nun ins Menschengeschlecht aufgenommen werden. Das gibt Anatole France die Möglichkeit, durch die Beobachtung der Entwicklung dieser Pinguine – sozusagen ohne Vorgabe – zu beschreiben, wie eigentlich die Geschichte der Menschheit ablief. Da Anatole France diese »Geschichte« so inszeniert, wie sie wohl tatsächlich ablief – und nicht, wie wir sie entstellt haben –, ist es nützlich, ihn zu zitieren: Eines Tages besuchte St. Maël diese Insel, um zu sehen, wie es seinen Sprößlingen ging. Er ist entsetzt und äußert sich zu Bulloch, einem Mönch, der ihn begleitet, auf folgende Weise:

»›Zu meiner Trauer gewahre ich, mein Sohn, daß die Inselbewohner, seit sie Menschen geworden sind, mit geringerer Weisheit handeln denn früher. Als sie Vögel waren, zankten sie sich nur in der Jahreszeit der Liebe. Und jetzt streiten sie immerzu. Sommer und Winter sind sie aufeinander erbost. Wie sehr sind sie von jener friedlichen Hoheit abgefallen, die auf der Versammlung der Pinguine lagerte und sie dem Senat einer weisen Republik ähneln ließ.

Blicke, mein Sohn Bulloch, nach der Surelle hin. Just sind in dem kühlen Tal ein Dutzend Pinguinen-Männer beschäftigt, einander mit Spaten und Hacken zusammenzuhauen, mit denen sie besser die Erde aufgraben würden. Doch grausamer noch als die

Männer zerreißen die Weiber mit ihren Nägeln das Gesicht der Feinde. Weh! mein Sohn Bulloch, warum morden sie also?‹

›Aus Genossenschaftsgeist, mein Vater, und in Ahnung der Zukunft‹, erwiderte Bulloch. ›Denn der Mensch ist seinem Wesen nach ahnungsvoll und gesellig. So ist nun einmal sein Charakter. Ohne eine bestimmte Aneignung von Dingen kann er sich selbst nicht vorstellen. Die Pinguine, die Ihr seht, Meister, eignen sich Ländereien an.‹

›Könnten sie das nicht minder gewaltsam tun?‹ fragte der Greis. ›Mitten im Kampf tauschen sie Schimpf und Drohung. Ihre Worte kann ich nicht unterscheiden. Dem Ton ist zu entnehmen, daß sie zornig sind.‹

›Wechselseitig klagen sie sich des Diebstahls und des Raubes an‹, erwiderte Bulloch. ›Dies ist der allgemeine Sinn ihrer Reden.‹

Da stieß der fromme Maël, die Hände ringend, einen großen Seufzer aus und rief: ›Siehst du nicht, mein Sohn, diesen Rasenden, der mit den Zähnen die Nase seines hingeschleuderten Gegners zerbeißt, und den dort, der eines Weibes Kopf unter einem riesigen Stein zermalmt!‹

›Ich sehe sie‹, antwortete Bulloch. ›Sie schaffen das Recht. Sie gründen das Eigentum. Sie errichten die Prinzipien der Zivilisation, den Unterbau der Gesellschaft, die Grundlagen des Staates.‹

›Wieso denn?‹ fragte der Greis Maël.

›Indem sie ihre Fluren abgrenzen. Das ist der Ursprung jeder Polizei. Eure Pinguine, Meister, vollziehen die erhabenste Tätigkeit. Ihr Werk wird die Jahrhunderte hindurch von den Gesetzesforschern geweiht, von den Behörden geschützt und bekräftigt werden.‹

Während der Mönch Bulloch diese Worte sprach, stieg ein großer, weißhäutiger, rothaariger Pinguin ins Tal hinab, einen Baumklotz auf der Schulter. Er näherte sich einem kleinen, in der Sonne völlig verbrannten Pinguin, der seinen Lattich bewässerte, und schrie ihn an: ›Dein Feld gehört mir!‹

Und als er dieses machtvolle Wort verkündet hatte, hieb er mit seiner Keule auf den Schädel des kleinen Pinguins, der tot niederfiel über den von seinen Händen gepflegten Acker.

Bei diesem Anblick schauderte es den frommen Maël am ganzen Leib, und er vergoß stürzende Tränen.

Und mit einer Stimme, die Grauen und Angst erstickten, sandte er zum Himmel das Gebet: ›Mein Gott, Herr, der du des jungen Abel Opfer empfangen, der du Kain verflucht hast, räche, o Herr, diesen unschuldigen, auf seinem Felde hingeschlachteten Pinguin, und gib dem Mörder deines Armes Wucht zu fühlen! Ist ein Verbrechen hassenswerter, kann etwas deine Gerechtigkeit schwerer beleidigen als dieser Mord und dieser Diebstahl?‹

›Nehmt Euch in acht, mein Vater‹, sprach Bulloch sänftiglich. ›Was Ihr Mord und Diebstahl nennt, sind in Wahrheit Krieg und Eroberung, die geheiligten Fundamente der Kaiserreiche, die Quellen aller menschlichen Tugend und Größe. Bedenkt zumal, daß Ihr, wenn Ihr den großen Pinguin tadelt, das Eigentum in seinem Ursprung und in seinem Prinzip angreift. Unschwer kann ich Euch das beweisen. Den Acker pflegen ist ein Ding, den Acker besitzen ein zweites. Und diese beiden Dinge dürfen nicht durcheinandergebracht werden. In Sachen des Eigentums ist das Recht des ersten Besitzers unsicher und schlecht begründet. Das Recht der Eroberung hingegen ruht auf soliden Grundlagen. Es ist allein zu achten, weil es allein sich Achtung erzwingt. Des Eigentums einziger, herrlicher Ursprung ist die Gewalt. Es wird durch Gewalt geboren, durch Gewalt bewahrt. Und so weit ist diese erhaben, daß sie nur einer Gewalt weicht, die noch größer ist. Deshalb gebührt sich's zu sagen, daß, wer besitzt, edel ist. Und dieser große Rothaarige hat vorhin, indem er einen Ackersmann tötete, um ihm sein Feld zu rauben, auf Erden ein sehr edles Haus begründet. Ich gehe und wünsche ihm Heil.‹

Hierauf näherte sich Bulloch dem großen Pinguin, der an der blutgetränkten Ackerfurche stand und sich auf seine Keule lehnte.

Und Bulloch verneigte sich bis zum Boden und sprach: ›Herr Greatauk, schrecklicher Fürst, ich habe Euch jetzt als dem Begründer gesetzlicher Macht und erblichen Reichtums gehuldigt. In Euer Feld verscharrt, wird der Schädel des niederen Pinguins, den Ihr erschlagen habt, für immer die geheiligten Rechte Eurer Nachkommenschaft auf diese durch Euch geadelte Erde bezeugen. Heil Euren Söhnen und Eurer Söhne Söhnen! Sie werden Greatauk heißen, Herzöge von Skull, und über die Insel Alka gebieten.‹

Dann erhob er die Stimme und wandte sich zu Maël, dem frommen Greis: ›Mein Vater, segnet Greatauk! Denn alle Macht kommt von Gott.‹

Maël blieb unbeweglich, stumm und starrte zum Himmel hinauf;

er empfand schmerzlichen Zweifel an der Lehre des Mönches Bulloch. Und doch sollte diese Lehre in den Zeiten der hohen Zivilisation obsiegen. Bulloch kann als Schöpfer des bürgerlichen Rechts in Pinguinien betrachtet werden.«

Unsere Geschichtsauffassung könnte auch der Erfindung des Rads, dem Weben, dem Töpfern, dem täglichen Schönen, dem Menschen nachgehen, um die Seele zu bereichern. Aber Geschichte dreht sich um Heldentaten, um Feinde, Eroberungen und Unterwerfungen. Der Tod bestimmt die Geschichte, die uns von Schule und Gesellschaft vermittelt wird, nicht das Lebendige. Freud sah Eros und Thanatos als die zwei Haupttriebe im Leben an. Nur glaubte er beide Triebe in der genetischen Struktur verankert. Es ist aber die Urverzweiflung über das Nicht-für-sich-selber-geliebt-Werden, die den Todestrieb im Menschen fördert, nicht eine Instinktgrundlage. Tiere haben keinen Todestrieb, nur wir zerstören uns selber, andere und die Welt.

Wenn ich *wir* sage, meine ich im Grunde zwei Typen. Beide widmen sich auf unterschiedliche Weise dem Tod. Da ist der Psychopath, der den Tod sucht, und da ist der Angepaßte, der sich zum Werkzeug dieses Todestriebes machen läßt.

Der Psychopath kommt überall vor, in allen Schichten unserer Bevölkerung, in allen Bereichen unseres Lebens. Sie brauchen nicht immer mächtig zu sein, um wirkungsvoll zu sein. Die Familie, das Geschäft, ein Dorf können den Wirkungskreis ihres Tuns begrenzen. Aber sie werden sehr leicht zu Führern, weil die, die ihr Leben auf angepaßte Art verwalten, Erlösung von ihrer angestauten Wut und den damit verbundenen Schuldgefühlen brauchen. Sie (die Psychopathen) werden zu Führern, weil sie sich göttlich geben, indem sie den Angepaßten ihre Wut erlauben, sie von der Schuld befreien, sich gegen das Leben zu wenden.

Die Anmaßung des Göttlichen beruht eben auf nur einem Sachverhalt: der Abwesenheit von Schuldgefühlen. Sie haben etwas, was der Angepaßte nicht hat, aber sucht, nämlich frei von Schuld zu sein. Schuld ist die Waffe, mit der sie in die Anpassung getrieben werden. Eltern bedienen sich der Schuld, um ihre Kinder zu manipulieren. Diese Manipulation führt zu weitreichenden Hindernissen in jeglicher Vergangenheitsbewältigung.

In Deutschland zum Beispiel wird die Schuld der Nazizeit

erkannt, aber nicht bewältigt. Da Schuld für uns alle durch unsere gemeinsame Entwicklung Gefühle von Demütigung wiedererweckt, verhindert sie eine wahre Auseinandersetzung und Verarbeitung. Mit solch einer Schuldentwicklung fühlen sich die meisten nur angegriffen, anstatt sich für etwas schämen zu können. Durch Scham kann ein gemeinsames Leiden empfunden und so eine Veränderung bewirkt werden. Dies ist die Scham, von der Primo Levi, der selber als Häftling Auschwitz erlebt hatte, schrieb, daß er sie selber fühlte, die Scham über Auschwitz, die Scham, die *ein jeder Mensch* darüber empfinden müßte, daß es Menschen waren, die Auschwitz erdacht und errichtet haben.[77] Diese Art Scham bringt gemeinsames Leid, auch des Täters, zum Ausdruck.

Nur jemand, der scheinbar frei von Schuld ist, erlöst uns, die Angepaßten, aus unserem Gefängnis. Und wenn er/sie den angestauten Haß durch Heiligsprechung der Feindbilder inszeniert, dann sind wir doppelt erlöst.

Im Bereich der Politik kann der Mächtige viel mehr als im geschäftlichen Bereich die tödlichen Auswirkungen seines Tuns verhüllen. Das Beispiel Lyndon B. Johnson, Präsident der USA, der den Vietnamkrieg eskalieren ließ, beleuchtet beides, das Tödliche dieser Menschen und unser Bedürfnis, sie zu Göttern zu machen.

Seine Kusine Ava Johnson Cox beschrieb ihn so: »Er mußte der Führer bei allem sein, was er tat. Mußte es sein, konnte es nicht aushalten, es nicht zu sein.«[78] Schon als Kind und später im College war das Image das alles überragende Ziel seines Lebens. Er wollte nicht nur als klug, sondern auch als verschlagen und gerissen gesehen werden. Caro[79] schreibt über Johnson: Als er der Tochter des reichsten Mannes in seiner Collegestadt den Hof machte, sollten alle Studenten erkennen, daß nicht Liebe oder Sex die Basis seiner Werbung war, sondern Geld.

Bei Studentenwahlen arbeitete er mit Bestechungen, um zu gewinnen. Wenn etwas nicht sauber war, hatte es mit Johnson zu tun. Aber wie auch immer, wenn er die Gegner auf diese Weise überlistet hatte, wußten sie und das Publikum, daß er sie überlistet hatte.

Alle seine Handlungen waren nur dem Erfolg gewidmet. Menschen und überhaupt Politiker, die für Ideale und Prinzipien kämpften, verspottete er. Für seine Ziele verriet er jeden, auch seinen wichtigsten Gönner im Kongreß, Sam Rayburn, dessen Unbestechlichkeit sprichwörtlich war. »Für seinen Ehrgeiz... opferte er andere ohne Rücksicht.«

Bei all seiner Gier war er ein körperlicher Feigling. Als er wirklich einmal in Lebensgefahr war – das Flugzeug, in dem er als Beobachter im Pazifik mitflog, wurde von Japanern angegriffen –, mußte er seine Angst bestreiten. Er lachte, wenn Veteranen des Krieges zugaben, daß sie Angst gehabt hätten. Er hielt die Gefahr von sich weg wie alle seine Gefühle, außer Wut. Er nahm die Wirklichkeit als Verzerrung wahr und glaubte an sie. So sprach er später über dieses dreizehnminütige Kriegserlebnis mit »tiefer« Emotion, als ob er sie tatsächlich gefühlt hätte. »Johnson konnte glauben, was er glaubhaft haben wollte – er konnte es dann mit seinem ganzen Herzen glauben.«

Als Johnson politische Macht errang, wurde sein Verhalten immer mehr von dem Zwiespalt seiner Einstellung dem Menschen gegenüber gekennzeichnet. Auf der einen Seite war er der Entgegenkommende, der Ermunterer, der Mann, der, wenn du ihm vertrautest, alle deine Probleme lösen würde. Auf der anderen Seite tat er alles, um die Würde der anderen herabzusetzen. Menschen mit Würde verließen ihn. Die anderen machte er zu Sklaven, auch seine Frau. Er mißbrauchte seine ganze Familie ohne Gewissen. Was er schätzte, war Unterwürfigkeit.

Johnson erklärte einmal: »Ich meine echte Loyalität. Schau dir John Conally an. Ich kann John Conally um Mitternacht anrufen und ihm sagen, er soll zu mir rüberkommen und meine Schuhe putzen, und er würde rüberrennen. *Das* ist Loyalität.« Als jemand in diesem Gespräch zu ihm sagte, daß er ihn in diesem Fall zur Hölle schicken würde, wurde Johnson kleinlaut und erwiderte: »Nun ja, ich meinte es nicht wörtlich. Ich werde niemanden um Mitternacht deshalb anrufen.« Er verstand gar nicht, daß es um Würde ging!

Er spielte mit der Würde aller Menschen. Auf der einen Seite gab er ihnen das Gefühl, daß er ihren Status schätzte, auf der anderen Seite nahm er sie alle damit hoch. So konnte er zum Beispiel zu dem Portier in einem Hotel, als dieser ihm sein Gepäck brachte, sehr freundlich sagen: »Ich würde dir gerne deine Hand schütteln, wenn deine Hände nicht so beschäftigt wären«, wodurch sich der Portier sehr geehrt fühlte. Er konnte aber auch genausogut Dienstpersonal mit obszönen Worten beschimpfen. Auf politischer Ebene wußte er genau, wie er seine Gegner in ihrer Würde verletzen konnte. Genau wie Hitler wußte er, wie man Würde durch Hohn zerstört. Da, wo ein Mensch ehrlich war, wußte er die Ehrlichkeit lächerlich zu machen.

Sein Wahlgegner für den Sitz im amerikanischen Senat von 1948 war Coke Stevenson, ein ehrwürdiger, stolzer Mann, der Gouverneur von Texas gewesen war, schon den umstrittenen Sitz als Senator innehatte. Dieser konservative Politiker, der sein ganzes Leben gegen die Gewerkschaften gekämpft hatte, wurde von Johnson beschuldigt, in ihrem Sold zu stehen.[80] Und die Menschen, besonders die Ärmeren und die Arbeiter, für die Stevenson, trotz politischem Konservatismus, als Gouverneur und als Senator Sorge getragen hatte, stellten sich gegen ihn. Sie glaubten den Gerüchten, die Johnson in Gang gebracht hatte, daß Stevenson unehrlich war.

Es stellte sich später heraus, daß Johnson tatsächlich die Unterstützung krimineller Gewerkschaftsführer hatte. Daß er lügen konnte, wußten alle. Die Frage ist hier, warum sich Wähler plötzlich gegen einen Mann nur auf der Basis von Gerüchten stellten, den sie in der Tat über viele Jahre als ehrlich *erlebt* hatten.

Der Grund wird immer wieder in Ängsten und Vorurteilen schlecht informierter Wähler gesehen.[81] Aber diese Sicht verschleiert die Rolle der Anpassung und des Gehorsams in diesem Vorgang. Denn nur in den Auswirkungen des Selbstverrats finden wir jene Mechanismen, die Menschen dazu führen, Ehrlichkeit zur Lüge zu verdrehen.

Da liegt der Kernpunkt für die gesellschaftliche Unterstützung eines Psychopathen, mit deren Hilfe er zur Macht kommt. Es sind immer Menschen, die Zweifel in ihre eigene Ehrlichkeit haben und sich durch Lügen, die ohne Selbstzweifel daherkommen, erlöst fühlen. Denn wenn es keinen Ehrlichen gibt, bestätigt das ihre eigene Unehrlichkeit. Daß die Wähler in Texas so leicht Johnsons Gerüchten Gehör schenkten, zeugt davon, wie schlecht sie im Innersten über sich selber dachten.

Es ist nicht rational, aber wie sonst verstehen wir diesen Vorgang, der sich in allen Ländern, auf allen Kontinenten immer wiederholt? Die Ergebnisse der Wahl im März 1990 in der DDR sind ein Beispiel für solch eine Wiederholung. Über fünfzig Prozent der Wähler in den Arbeitergegenden wählten die konservativen Parteien, nicht die Gruppierungen, die die ganze Reformbewegung ausgelöst hatten. Die scheinbar »unerschütterliche« Stärke, also das Fehlen jeglichen

Zweifels, macht die Versprechungen von gewissen Politikern glaubhaft.

Was solche Führer wirklich fühlen, hat nichts mit moralischen Werten zu tun. Es geht nie um Ideale. Sie werden mißbraucht für einen Zweck, der nichts mit dem Wohl des Menschen zu tun hat. Johnson wußte um solche Werte und ging schauspielerisch damit um. Caro[82] beschreibt, wie einer der Mitarbeiter von Johnson im Wahlkampf gegen Coke Stevenson, Horace Busby, glaubte, daß Johnson für eine lange Zeit durch einen schwierigen inneren persönlichen Kampf ging, weil er Stevenson bewußt auf gelogene Anklagen bezichtigen würde. Gleich danach merkte er aber, daß Johnson alles ganz leicht von seiner Schulter schüttelte. Er sah alles im Zerrspiegel seiner eigenen mörderischen Unfähigkeit. Für ihn war der einzige Maßstab sein Ansehen, seine Macht und das Bewußtsein der anderen von seiner Macht. Er widmete sich ausschließlich der Organisation dieser Macht. Als er wegen seiner Wahlfälschungen vor Gericht kam, war er empört und verletzt. Er sah nur, daß andere ihm seinen Sieg wegnehmen wollten.[83]

Er hatte Rechte! Im selben Moment zeigte sich aber seine außerordentliche seelische Spaltung: Er lachte seinen Opfern ins Gesicht. Nichts war wirklich echt in ihm. Das einzige Echte war seine Verachtung und sein Bedürfnis, diese Verachtung zu teilen. Das ist das Verrückte in solchen Menschen. Die Notwendigkeit, andere dauernd zu betrügen, ist die einzige Basis für einen Selbstwert, der keiner ist.

Diese Verachtung wie auch die totale Unwissenheit über die eigenen Preisgaben entlarvten sich in einem Interview von 1967.[84] Johnson wollte diesem Journalisten etwas zeigen. Nach einigen Minuten kam er strahlend mit einer Fotografie zurück. Es war eine Aufnahme, die eine Gruppe seiner politischen Freunde in Texas mit der Wahlurne Nummer 13 zeigte. Diese Urne fehlte in dem Wahlgang, durch den er 1948 Senator geworden war. Er wußte also die ganze Zeit davon und weshalb er damals gesiegt hatte.

Der Journalist schrieb: »Der Präsident beobachtete mein Gesicht, als ich das Foto betrachtete, und als mir seine Bedeutung dämmerte…, grinste er mit unermeßlicher innerer Freude.«

Es ist beängstigend, daß der Präsident eine Fotografie zeigt, die einen Wahlschwindel bewies. Aber daß er sie einem Journalisten zeigte, welcher ihm gar nicht besonders zugetan war, legt das

Selbstdestuktive in der Persönlichkeitsstruktur dieser Menschen bloß.

Wie sehr diese Destruktion Wirklichkeit war, zeigt ein Artikel von Richard N. Goodwin in der New York Times.[85] Goodwin war Berater von Präsident John F. Kennedy in den Jahren 1961 bis 1962, von Präsident Lyndon B. Johnson 1964 bis 1965. Er beschreibt, wie Johnsons Verhalten sich immer mehr veränderte. Vom Frühling 1965 an wurde seine öffentlich präsentierte Maske immer steifer. Es schien so, als ob er sich gegen innere Vorgänge wehren mußte, als ob er jegliche Spontaneität einfror, um dieses Innere nicht zum Vorschein kommen zu lassen. Im privaten Kreis stürzten sie aus ihm heraus und kreisten unentwegt um paranoide Feindbilder. Alle Mitarbeiter, die eigene Ideen hatten, wurden für ihn zu Kommunisten, die ihn stürzen wollten.

In dieser Zeit forcierte er den Vietnamkrieg durch unverantwortliche Lügen. Der sogenannte »Tonkin Gulf Incident« war Kulminationspunkt dieser Strategie, mit der er am 28. Juli 1965 über hunderttausend amerikanische Soldaten in diesen Krieg stürzte. Ihn verfolgte die Wahnidee, daß er Ziel einer gigantischen kommunistischen Verschwörung sei, in welcher alle seine amerikanischen politischen Gegner Mitspieler wären. Sogar Hubert Humphrey, der Vizepräsident, gehöre dazu; und wenn jene Erfolg hätten, »könne er den dritten Weltkrieg nicht stoppen«.

Die Spaltung zwischen Wirklichkeit und der inneren Ausweglosigkeit seiner Gefühlslage zeigte sich auch während einer Staff-Konferenz. Johnson sagte plötzlich: »Vietnam, das ist, wie in einem Flugzeug ohne Fallschirm zu sein, wenn alle Motoren versagen. Wenn man springt, wird man mit aller Wahrscheinlichkeit getötet, und bleibt man im Flugzeug, dann wird man abstürzen und wahrscheinlich verbrennen.« Wenn für Johnson dieser Krieg hoffnungslos war, warum ließ er ihn dann eskalieren?

Diese Frage führt zum Zentrum dieser Menschen. Sie spielen mit dem seelischen Tod, weil der ihr Urerleben in der Beziehung zur Mutter war. Ihn zu überleben zwingt zur Wiederholung, und dieser Zwang bestimmt ihr ganzes Leben. Immer wieder spielen solche Menschen mit dem Tod. Daß es Konsequenzen für uns alle hat, ist für sie dabei unwichtig. Weil sie sich für wertlos halten, halten sie die ganze Menschheit für wertlos.

Ronald Steels Rückblick auf Nixon angesichts von Watergate

enthüllt beides: »Er warf seine hohe Stellung weg, als würde er sie wertlos machen wollen... oder (auch) weil er dem unwiderstehlichen Zwang erlag, immer wieder neue Krisen schaffen zu müssen, um sich selbst messen und siegreich daraus hervorgehen zu können.«[86]

Johnson spielte ganz direkt mit dem Tod. Er sprach von Geheimverträgen zwischen der UdSSR, China und Nord-Vietnam. Demnach würden die Sowjets und die Chinesen zur Hilfe kommen, sollten die USA gewisse Grenzen in ihrem Krieg überschreiten. »Ich wußte nie, wenn ich die Ziele (für Luftangriffe) Nummer eins, zwei, drei genehmigte, ob eines von diesen Zielen nicht gerade dasjenige sein würde, wodurch die Maßnahmen dieser geheimen Verträge ausgelöst würden. Ich fragte mich dauernd, was zu tun wäre, wenn eins von diesen Zielen, die ich heute wählte, die Sowjets oder Chinesen zum Abdrücken bringen würde?«[87]

Dieses Spiel mit dem Tod, in das ganze Völker hineingerissen werden, existiert Seite an Seite mit einer grandiosen Selbstüberschätzung und mit einem Größenwahn, der immer wieder als »Kraft« bewundert wird. So war Johnson sicher, jeden Menschen von sich überzeugen zu können. »Ich habe immer geglaubt, jeden zu meinem Freund machen zu können, wenn ich ihn nur in ein Zimmer bekomme.« Als Ho Chi Minh die Amerikaner in Bedrängnis brachte, äußerte Johnson: »Wenn ich nur Ho mit mir in ein Zimmer kriegen könnte, ich bin sicher, wir könnten alles lösen.«

Daß wir diese Menschen so falsch wahrnehmen, sie zu Göttern machen, hat mit einer Sehweise des Menschen zu tun, die nicht unserem Sein entspricht. Wir finden uns mit unserem Leid nicht ab, empfinden uns deswegen als schwach und minderwertig und suchen nach einem Messias, der uns von dieser Bürde erlösen werde. Aber im Kern dieser falschen Götter wohnt Verzweiflung und die Wertlosigkeit.

Wir sehnen uns nach diesen »Übermenschen«, deren »Kraft« darin besteht, daß sie sich ihrer Schwäche nicht stellen können. Unsere Kultur selber fördert dies, hält uns in einem Teufelskreis gefangen. Immer wieder machen verzweifelte Menschen jene zu ihren Führern, ihren Göttern, die den Anschein von Stärke offerieren, aber im Grunde leer und destruktiv sind.

Wir alle handeln ähnlich, da wir in einer Sicht des Menschen gefangen sind, die sein Leiden ausklammert. Schmerz und Leiden, zentralisiert im christlichen Glauben, hat daran wenig geändert. Die Wissenschaft über die Natur des Menschen hat auch keinen Platz dafür. Der deutsche Philosoph Georg Simmel äußerte sich einmal über diese offizielle Ausklammerung: »Es ist peinlich zu erkennen, wie wenig der Schmerz des Menschen in der Philosophie widergespiegelt ist.«[88]

Deswegen kommen uns gar keine Zweifel, wenn jemand sich als »stark« präsentiert. Wir suchen solch eine Person und werden in unserer Suche durch die offizielle Meinung bestätigt. Die dagegen, die über Probleme sprechen, uns zwingen, uns mit unserer Lage zu konfrontieren, das sind unsere »Feinde«. Und so wiederholt sich die menschliche Geschichte, die wahren Schwachen werden zu unseren Göttern und treiben uns in den Abgrund hinein. Die, die sich im Grunde am wertlosesten fühlen, werden unsere Führer. Nur wenige wirklich starke Menschen haben sich ihrer Schwächen gestellt.

Noch eins: Die Unterdrückung der Frau durch den Mann rächt sich, indem Mütter Männer erzeugen, die das Leben selber, aus dem Gefühl der eigenen Wertlosigkeit heraus, zerstören müssen. Ein junger Patient, ein Produkt solch eines Elternhauses, der andere nur verhöhnen und niemals Verantwortung für sich selber übernehmen konnte, sagte in einem Moment der Wahrheit: »Man baut das Leben auf wie einen Schneemann. Und dann kommt die Sonne, und es schmilzt. Ich brauche ein Kühlhaus, um leben zu können... Man sollte die Vergangenheit vergessen können.« Er hatte kein Gefühl, daß er Substanz besaß. Alles war nur für den Moment, deswegen mußte er auch in jedem Moment irgend jemanden angreifen, herabwürdigen. Wahre Liebe fürchtete er wie die Sonne, dennoch strahlte dieser junge Mann für jeden Liebenswürdigkeit aus.

Während die Sprache des Herzens die Verwundbarkeit des Menschen zu seiner Natur macht, strebte die Wissenschaft in die entgegengesetzte Richtung und mündete in eine Spaltung des Denkens über den Menschen, eine »Gabelung«, wie Whitehead[89] sie nannte. Die Natur des Menschen wurde ohne Bezug auf Schmerz, Freude, Ekstase und Sympathie konstruiert. Descartes' »Ich denke, also bin ich« wurde der Ausgangspunkt dieser Ideologie. Für Descartes war der ideale Mensch ein leeres Subjekt, das sich langsam mit Objektivität füllt. Der Mensch, so Descartes, muß lernen, seine Beziehung zu seiner Kindheit von sich abzutrennen.[90] Das Kind und sein Erleben verschwinden auf diese Weise per Dekret.

Natürlich ist das kein simplifiziertes Herangehen. Gefühle werden »erkannt«, aber anstatt sie auf der Ebene ihres Erlebens zu verstehen, werden sie auf eine andere Ebene, wie eine organische beispielsweise, *reduziert.* Dadurch wird das Erlebte in seiner Eigenständigkeit und seiner Bedeutung für den Menschen ausgeschaltet. Das heutige Anliegen in der Psychiatrie ist zum Beispiel, die Schizophrenie auf genetische oder biologische Strukturen zu reduzieren.

In der Psychiatrie haben Schmerz, Leid und Freude als Grundsteine des menschlichen Seins für die Diagnose überhaupt keine Bedeutung. Das jedoch spiegelt in der Psychologie und Psychiatrie den Entfremdungsprozeß wider, der ein Kennzeichen unserer Gesellschaft ist. Diese Diagnostik ist aber die Grundlage der biologischen Forschung.

Trotz der vielen Fortschritte, die die Wissenschaft erzielt hat, wird in allen Bereichen der Wissenschaft, in denen das Denken von der Abspaltung der Gefühle bestimmt ist, ein wahrhaft integrierendes Denken unmöglich.

Was gefördert wird, ist das Reduzieren. Schachtel, der als Wissenschaftler eine ganz andere Sehweise propagierte, hielt es für falsch, den Beobachter vom Wesen seines Subjekts zu trennen, weil eine Verbundenheit zwischen sich und dem, was er beobachtet, existiert. »In diesen Fällen blickt der Wissenschaftler auf ein Objekt…, mit dem Ziel seiner Forschung im Sinn, und ›gebraucht‹ das Objekt, um seine Hypothese zu bestätigen oder zu widerlegen, sieht aber in dem Objekt nicht dessen Befindlichkeit. Das Hauptziel der modernen Wissenschaft ist, die Objekte auf eine Weise zu manipulieren, daß gewisse vorausgesagte Ereignisse tatsächlich eintreten. Nur jene Aspekte der Objekte sind relevant, die sich für Manipulation oder Kontrolle eignen... Er kann auf diese Weise großartige Ergebnisse erzielen und unserem Wissen wichtige Daten hinzufügen, doch in dem Maße, wie er innerhalb der Grenzen dieser Sichtweise befangen bleibt, wird er das Objekt nicht in seiner Eigenart wahrnehmen. Wahrnehmung kann fast zu einem Akt der aggressiven Gewalttätigkeit werden, in dem der Wahrnehmende, wie Prokrustes mit seinen hilflosen Opfern, jene Aspekte des Objekts abschneidet, die für seinen Zweck unbrauchbar sind.[91]

Frauen, die sich von der Denkweise des Mannes gelöst haben, haben in letzter Zeit diesen Vorgang ähnlich analysiert. Evelyn Fox Keller, eine bedeutende amerikanische Physikerin und Biologin, hat dargelegt, wie das abgespaltene Denken in der Wissenschaft zum Erfolg führt.[92] Anhand einer Biographie über die amerikanische Nobelpreisträgerin für Biologie Barbara McClintock beschreibt sie die offizielle Wissenschaft in ihrer Gewalttätigkeit. Indem sie Unterschiede übersieht, als Ausnahmen, Abweichungen und Verunreinigungen abtut, kommt ein Verstehen nicht zustande. McClintock selber sprach davon, daß nur, wenn für einen untersuchten Organismus ein Gefühl entsteht, Denken und Tun ganzheitlich werden. Das gespaltene Denken dagegen, schreibt Keller, löst Verbindungen auf und erzeugt Distanz.[93] Indem die normalen Prozesse der Integration ausgeschaltet und nicht, wie Keller es ausdrückt, durch Schuldgefühle oder Liebe, ja sogar durch Impulse der Selbsterhaltung »behindert« werden, wird die Wissenschaft zu einem »Werkzeug des Todes« und nicht zur Lebenskraft. Als Beispiel führt sie die Entdeckung des Mechanismus der genetischen Replikation durch Watson und Cricks an: »DNA wird im allgemeinen das ›Muttermolekül des Lebens‹ genannt. In dieser Darstellung des Lebens sind alle jene komplexen, unentschlüsselten Dynamiken der Zelle verlorengegangen, welche die Zelle als ein lebendiges Wesen erhalten. Das Leben selber hat sich in dem einfachen Mechanismus eines sich selbst reproduzierenden Moleküls aufgelöst. In der Tat, lebendige Organismen sind nicht mehr der eigentliche Gegenstand der meisten gegenwärtigen Biologiebücher.«[94]

Diese subtile Auswirkung ist tödlich, weil sie eine Einstellung fördert, die das Leben selber gar nicht wahrzunehmen braucht. Durch die Abspaltung wird es möglich, daß destruktive Motivationen ein Eigenleben entwickeln, indem sie von den Quellen dieser Destruktivität im Menschen abgeschnitten werden.

Wissenschaft, gerade weil sie die allgemeine Abspaltung von Gefühlen institutionalisiert, belohnt diejenigen, die ohne Seele sind.

Der bedeutende amerikanische Soziologe C. Wright Mills schrieb vor dreißig Jahren über die Bürokratisierung der Wissenschaft. Er beobachtete die neuen Mitarbeiter und notierte: »Ich habe selten einen dieser jungen Männer intellektuell verwirrt erlebt. Und ich habe auch nie leidenschaftliche Neugier erlebt..., die Art von Neugier, die den Geist auf die Reise schickt..., die ihn, wenn nötig, sich selbst neu gestalten läßt, *um etwas herauszufinden.* Diese jungen Männer sind eher methodisch als rastlos; sie sind eher geduldig als phantasiebegabt; und vor allem sind sie dogmatisch – in der ganzen historischen und theologischen Bedeutung des Wortes... Sie widmen sich der Forschung wie ihrer Karriere, sie haben sich früh sehr stark spezialisiert, und der Sozialphilosophie stehen sie gleichgültig und verächtlich gegenüber... Wenn man Gesprächen zuhört und versucht, die Qualität ihrer Neugier abzuschätzen, stößt man nur auf eine tödliche Beschränkung des Geistes.«[95]

Wenn wir diese Differenzierung im Sinn behalten, wenn wir erkennen, daß die Wissenschaft nicht besser sein kann als der einzelne, der in ihr die Möglichkeit zur Karriere sieht, dann wird sie keine Rettung für unsere Zukunft bringen. Sie existiert nicht außerhalb des Rahmens, der für uns alle gilt. Unsere Gesellschaft erzeugt Destruktivität in uns, und die Wissenschaft tut dasselbe. In dem Moment, wo wir sie zum göttlichen Instrument erheben, sie von jeder Verantwortung entbinden, werden diejenigen Wissenschaftler, die selber vom Tödlichen gelenkt werden, sie dafür mißbrauchen. Daß Lebewesen täglich unter dem Deckmantel der wissenschaftlichen Nützlichkeit gequält und verstümmelt werden, verroht nicht nur die Menschen, die das tun; es macht uns alle schuldig.

Aber gerade weil unter dem Deckmantel der Wissenschaft getötet werden kann, ist sie auch Zufluchtsort für die geworden, die sich der eigenen Gewalttätigkeit und deren Quelle nicht stellen können.

Es gibt ein großes Interesse am Leben einzelner Menschen – die Fülle der Biographien auf dem Büchermarkt ist Ausdruck davon. Dennoch wird menschliches Verhalten als von außen gelenkt verstanden, wozu auch Instinkte und ökonomische, soziologische Bedingungen zählen. Daß ein Mensch für das, was er tut, eigene Verantwortung trägt, wird im allgemeinen nicht als wesentlich akzeptiert oder als Psychologisieren abgetan.

Es geht mir hier nicht um die Psychologie, sondern um die Verneinung der Verantwortlichkeit, die jeder Mensch für sich hat. Denn die Einwände, die an biologischen oder soziologisch-ökonomischen Gründen festhalten, zielen immer auf Erklärungen, die aus dem Menschen ein anpassungsgleiches Objekt machen. Als ob der Mensch keine Verantwortung für sich selber tragen darf und kann. Die Verneinung, daß es Menschen gibt, die verantwortungsvoll mit sich und ihren Mitmenschen umgehen, führt zu der Annahme, daß Roboter Menschen ersetzen können. Erich Fromm sagte in seiner Antwort auf Herbert Marcuses Plädoyer gegen seinen psychologischen Standpunkt: »Die Vernachlässigung des menschlichen Faktors wie auch die Gefühlslosigkeit gegenüber den moralischen Qualitäten politischer Personen (nur ihre Eigenschaft als gesellschaftliche Macht zählte; A. G.), die in Lenins Verhalten offensichtlich waren, war einer der Gründe für den Sieg des Stalinismus.«[96]

Natürlich ist ein Psychologisieren ohne Berücksichtigung des gesellschaftlichen Umfeldes kein echtes Psychologisieren. Aber der Vorwurf des Psychologisierens kommt von denen, für die der Mensch leer ist.

Ein Beispiel für echtes Psychologisieren ist Martti Siiralas bewegende Beschreibung des Schizophrenen: »Es ist das Traurige wie auch zugleich das Wunderbare im Schizophrenen, daß schizophren zu werden nicht nur einer besonderen Art von Schwäche entspricht. Sie ist auch eine besondere Fähigkeit, unverhüllt auf die giftigen Aspekte der *Gesellschaft* zu reagieren.«[97]

Um die Einseitigkeit der biologischen oder soziologischen Sicht weiter zu differenzieren: Eine kriminelle Entwicklung bedeutet nicht immer die Aufgabe der Verantwortung! Unter den Bedingungen einer an der Macht orientierten Gesellschaft kann sie die einzige Möglichkeit sein, nicht mitzumachen. Verantwortung bedeutet *nicht,* sich im Sinne des bürgerlichen Pflichtkonzeptes zu verstehen. Die Flucht in die Kriminalität mag, wie Harrington für die Jugendlichen der schwarzen Armenviertel beschreibt, der einzige übriggebliebene Weg sein, die Verantwortung für menschliche Gefühle wahrzunehmen.[98]

In Vietnam sahen die amerikanischen Soldaten in der Kameradschaft oft die einzige Möglichkeit, ihre eigene Menschlichkeit zu retten. Aber da sie alle anderen als Feiglinge ausschalteten, versagte diese Lösung. Fünfzehn Prozent aller Veteranen dieses Krieges wurden, und es werden immer noch mehr, seelisch krank.[99]

Uns bleibt die Frage, wie Menschen unter Bedingungen, unter denen andere zu Mördern, Gangstern und Herrschern werden, menschlich bleiben können. Die Lektion des Holocaust ist genau die, daß unter Bedingungen, wo Überleben die Aufgabe moralischer Gefühle verlangte, viele Menschen moralisches Verhalten wählten. Dabei ist nicht wichtig, wie viele dieses Verhalten wählten. Wäre es nur einer gewesen, belegte diese Ausnahme die Lüge.

Deswegen ist eine Sicht, die sich ausschließlich auf Biologie oder Soziologie stützt, unwahr. Fromm hatte völlig recht, wenn er darauf hinwies, daß eine ideologische Sicht, die menschliche Qualitäten nur in soziologisch »richtigen« Umständen findet, eine Ideologie der Anpassung widerspiegelt. Dies ist im Grunde eine nihilistische Position, die sich, wie in Marcuses Fall, als Radikalismus tarnt.

Um aus der Einbahnstraße unseres gegenwärtigen politischen Verständnisses auszubrechen, müssen wir die Urverzweiflung des Menschen erkennen, die um die Liebe, die keine ist, kreist. In dieser Situation entwickelt sich der Haß und das Bedürfnis nach autoritären gesellschaftlichen Strukturen. Daß die Ausbeutung der Liebe zu Selbsthaß führt, der nur durch Feindbilder bewältigt werden kann, bestimmt unsere gegenwärtige politische Situation mehr denn je.

Das Gegenmittel zum projizierten Haß, der Besitz von Konsumgütern, dämmt diesen Haß nur ein. Wenn zum Verständnis dieser Zusammenhänge psychologisiert werden muß, soll uns das nicht einschüchtern. Der Druck gegen das Psychologisieren ist selber Ausdruck eines Entfremdungsprozesses, der uns von unserer frühesten und uns am grundsätzlichsten formenden Verzweiflung fernhält.

Wir haben alle in einem gewissen Grad als Kinder den Tod erlebt. Der frühe Kindstod deutet darauf hin, daß die erforderliche Täuschung um mangelnde Liebe nicht immer gelingt.[100] Vielen jedoch gelingt diese Täuschung, und in diesem Vorgang finden wir den Schlüssel zur Entwicklung der Destruktivität im Menschen.

Der Liebesentzug der Mutter – auch der des Vaters – paralysiert. Um diesem Erleben zu entkommen, muß es für alle Ewigkeit verschlossen werden. Das scheint der eigentliche Grund für die Amnesie der Kindheit, die ihr Entdecker Freud sexuellen Verboten zuschrieb.

Ein Patient, der mit vier Jahren plötzlich und ohne Erklärung für einige Monate vom Elternhaus weggeschickt wurde, erinnerte sich, wie zu Beginn des Kindergartens seine Mutter sagte: »Jetzt ist die Spielzeit vorbei, jetzt beginnt das Erwachsenenleben.« Er erinnerte sich an Spiele mit Freunden. Jetzt fiel ihm ein, daß er dabei immer Angst hatte, etwas vergessen zu haben. Es stellte sich heraus, daß ihn seine Mutter immer gerade dann mit Aufträgen behelligte, wenn er spielen wollte, nie zu anderen Zeiten. Sie konnte es nicht zulassen, daß er sie vergaß. Erst als diese qualvollen Gefühle der Nichtachtung seiner Bedürfnisse sich in sein Bewußtsein drängten und plötzlich der Schmerz über ihre Lieblosigkeit wieder da war, merkte er, wieviel er eigentlich vergessen hatte: »Unglaublich, ich kann mich an nichts erinnern – nur Leere.« Aber als diese Leere als öde und schmerzlich zurück in sein Bewußtsein kam, nahm seine Kindheitsamnesie ab.

Wie schrecklich der Liebesentzug und der Haß der Mutter sich auf ein Kind auswirken, wird in unserer Gesellschaft verdeckt. Es entspricht nicht dem Image, das eine Mutter hat und das wir vom Muttersein haben. Nicht nur, daß es dadurch schwierig wird, eigene Gefühle zu haben, es führt auch zu Schwierigkeiten, die wir nicht haben möchten.

Margaret Ribble enthüllte 1943 diesen Zusammenhang in ihrer Studie über Waisenkinder.[101] Er führt zum Versagen am Leben. Auch der frühe Kindstod ist wohl Ausdruck dieses schrecklichen Zusammenhangs, der so schwierig zu erkennen ist, weil wir allzu bereit sind, uns schuldig zu fühlen. Aber es geht nicht um Schuld. Sie macht das Erkennen fast unmöglich, daß wir als Menschen in gesellschaftlichen Strukturen gefangen sind. Kausale Zusammenhänge zu erkennen hat nichts mit einem Schuldspruch zu tun. Im Gegenteil, Zusammenhänge zu erkennen kann von der Schuld befreien, die unbewußt in uns allen steckt.

Mit Patienten kann man erleben, wie tödlich das Nichtgeliebtsein ist. Es führt zu einem Horror vor der Nähe. Dieser Horror hat seine Wurzeln in dem Gefühl, daß es einmal die Mutter war, von der man sich verstanden glaubte und von der man verstanden werden wollte. Sich scheinbar mit der Mutter eins zu fühlen und sich ihr nicht mehr anvertrauen zu können bedeutet, sich selbst zu verlieren. Die Verzweiflung des erlebten seelischen Mordes ist so groß, daß man für immer allein bleiben muß. Unzählige Mechanismen werden entwickelt, um andere Menschen fernzuhalten, weil man ja Nähe wünscht. Aber man darf nicht mit der Liebe konfrontiert werden, die fürchterliche Schmerzen zugefügt hat. Würde sie erlebt, wäre es das Eingeständnis der Untauglichkeit der Mutter. Damit kann weder ein Kind leben noch ein Erwachsener. Deshalb taucht »Erinnerung« nicht als Erinnerung auf, sondern als »paranoides« Wiedererlebnis, das im »Jetzt« stattzufinden scheint, weil die Wucht des Erlebten nie vom Kind durchgearbeitet werden konnte. Es wäre tödlich gewesen. Das ist die Bedeutung des frühen Kindstodes. Erst in einer Therapie oder durch die Liebe eines Mitmenschen kann dieses Trauma durchgearbeitet werden.

Diese Erinnerung zielt auch auf das Wiedererleben eines als Kind nicht lebbaren Gefühls der eigenen Wertlosigkeit. Dieses Gefühl mit einem anderen, einem Therapeuten zum Beispiel, zu teilen, wird erlebt wie eine Wiederholung der alten Verurteilung des eigenen Wertes.

In der Therapie muß vorrangig das eigene Vertrauen aufgebaut werden. Die Angst vor Vertrauen steht hinter der Angst des Patienten vor der Nähe und hinter der Gewalttätigkeit der Angepaßten. Beide haben das Unmögliche erlebt, aber ganz entgegengesetzt reagiert. Die einen damit, daß sie den Haß gegen sich selbst gerichtet haben, die anderen, indem sie den Haß gegen die Welt richten.

Vielleicht können wir jetzt auch etwas über nationales Bewußtsein verstehen. »*Ein* Deutschland« zum Beispiel oder entsprechende Rufe im Kaukasus oder in jeglicher anderen Region entsprechen nicht nur legitimen Forderungen nach Eigenständigkeit. In der Tiefe geben diese gewaltigen Emotionen einem Drang Ausdruck, der nie eingelöst werden konnte, weil man keine Liebe erhielt, wo sie hätte sein sollen. So wird man eins mit der Mutter in allen ihren symbolischen Gleichstellungen. Eins mit der Mutter ist der vergebliche Ruf jener, die sich nie dem eigenen Verlust der mütterlichen Liebe stellen konnten, die zurück in ihren Schoß wollen. Indem sie »Eins« schreien, bestätigen sie das Böse als gut. Dahinter steht nichts als Rage, alle und alles, das auf die Wirklichkeit hinweist, mit Gewalt niederzuwalzen.

Machtgier ist ein Versuch, verlorenes Selbstwertgefühl zu kompensieren. Für mangelnde Liebe gibt es keinen Ersatz, nur die Zunahme des Machtdrangs.

Wenn Verzweiflung nicht erlebt werden darf, weil Mutter und Vater sie nicht teilten, wenn das Defizit ihrer Liebe zur Anklage gegen die eigene Zulänglichkeit wird, wenn man sich selber haßt, weil das eigene Sein als etwas empfunden wurde, das in Gefahr und Ungnade führt, dann muß ein Kind destruktiv werden. Der Erwachsene wird dauernd Feinde benötigen, um nicht vom Reservoir des eigenen Hasses überflutet zu werden. Durch Feindbilder wird das seelische Gleichgewicht aufrechterhalten. Der Feind mag in abstrakten Ideen, Ideologien verkörpert sein. Ideologien dienen der »Stärkung« des Ichs durch Identifizierung mit der Größe einer Idee, einer Organisation, einer Nation. Sie sind die Dauerlösungen für Unzulänglichkeit.

Das Festhalten an abstrakten Ideen hat nichts mit Intelligenz oder Transzendentalismus zu tun. Solche Ideen vereinfachen die Welt und verschleiern die Wirklichkeit. Ideen in den Händen falscher Götter lassen Menschen sich als größer empfinden, und damit überwinden sie Minderwertigkeitsgefühle. Indem sie sich mit ihnen stark fühlen, erlösen sie auch von Schuld. Bürokraten sind ein Beispiel für die Identifizierung mit *festen* Regeln, die erlauben, leidenschaftslos andere sadistisch zu behandeln. Ich sage leidenschaftslos, weil der Bürokrat von den Resten menschlicher Gefühle befreit wird, die ihm Mühe machen. Die Massenmorde, die Zwangssterilisierung »Erbkranker« oder die Tötung von Geisteskranken und Behinderten war für solche Menschen in erster Linie nur ein verwaltungstechnisches und formaljuristisches Problem.

Eine Gesellschaft, die von klein auf Anpassung fordert, erzeugt Pflicht und nicht Verantwortung. Sie fördert den Untergang des Menschseins, ohne daß die, die sich fügen, es merken. Ihre unterschwellige Wut wird dann schnell emporsteigen, wenn ihr »geregeltes« Sein in Frage gestellt wird.

Die Identität, die auf Anpassung beruht, ist schnell übertragbar. Ein angepaßtes Selbst kann sich sehr rasch gegen das eben noch Verteidigte wenden.

Der amerikanische Schriftsteller Philip Roth fragte in einem Gespräch den tschechoslowakischen Schriftsteller und Dissidenten Ivan Klima: »Ist für die Tausende, die nie einen Einwand gegen das kommunistische Regime gezeigt haben, die Anbetung Havels nicht eine bequeme Weise, ihre eigene Mittäterschaft zusammen mit der nihilistischen Vergangenheit fast über Nacht über Bord werfen zu können?« Klima stimmte dem zu: Die Mehrheit teilte die Taten des alten Regimes, obgleich sie es haßte.[102] Das ist der springende Punkt! Anpassung erzeugt Haß.

Roth sprach auch davon, daß nicht einer dieser neuen Mitmacher sich gegen das stellen wird, was uns alle in der ganzen Welt, in unserem angepaßten Sein verstärkt und verankert. Diese Tyrannei, sagte er, fände eine Vermittlung durch das kommerzielle Fernsehen, durch seine Eigenart zu *unterhalten*. Im ›Verrat am Selbst‹ beschrieb ich diesen Vorgang als Stimulusgebundenheit.[103]

Wenn wir von unserer Tiefe durch Anpassung fortgetrieben werden, dann werden wir abhängig von Stimulationen, die von außen auf uns eindringen. Aber diese Droge, der Konsumzwang, wird nicht als Droge erkannt. Der Trick ist der Wandel des Angebots, »change for its own sake«. Die Reize, auf die der Angepaßte reagiert, halten ihn für den Moment gebunden – bis zum nächsten Mal. Die zunehmende Darstellung von Grausamkeit in unserer Unterhaltungsindustrie sollte zu denken geben. Grausamkeit ausgesetzt zu werden heißt nicht, Grausamkeit auszuüben. Aber es gibt die Bereitschaft, die innere Notwendigkeit jeglicher Angepaßten, Haß zu entwickeln, der mit der Grausamkeit in Verbindung steht. Daß Filme und Videos und andere Dinge diesen Prozeß fördern, ist unumstritten. Aber daß die Gründe tiefer liegen und mit unserer die Anpassung fördernden Gesellschaft zu tun haben und nicht nur die Schuld in den Medien zu suchen ist, belegen die widersprüchlichen Ergebnisse der Forschungen. Nicht alle Menschen reagieren gleich auf diese Stimulation. Weil es noch Menschen mit einem eigenen Selbst gibt.

Das Problem des Angepaßten ist sein Bedürfnis nach Struktur.

Helena Klimova, die Frau von Ivan Klima, amüsierte sich über die Reaktion ihrer Psychotherapiepatienten auf die neue Gesellschaft in der Tschechoslowakei: »Die Psychotiker werden gesünder und die Neurotiker kränker... Diese neue Freiheit verunsichert die Neurotiker. Was wird jetzt passieren? Niemand weiß Bescheid. Die alte Unbeweglichkeit war schlimm, auch für die Neurotiker, aber sie war beruhigend, verläßlich. Da gab es eine Struktur. Man wußte, was zu erwarten und was nicht zu erwarten, wem zu trauen und wer zu hassen war... (Jetzt) sind sie plötzlich in einer Welt, in der sie wählen können.«[104]

Wenn wir uns erinnern, daß viele der sogenannten Neurotiker eigentlich Menschen sind, die leiden, weil sie sich anpassen möchten, es aber nicht können, und in die Therapie kommen, nicht, um sie selbst zu werden, sondern um besser im Wettbewerb mitmachen zu können, dann verstehen wir, wie genau diese Aussage die Situation der Angepaßten beschreibt.

Der eigentliche Grund, warum das Psychologisieren abgelehnt wird, ist folgender: Die mangelnde Liebe wird aufgedeckt und konfrontiert uns mit den gesellschaftlichen Ideologien und Mächten, die diese Krankheit fördern. Weil diese männliche Machtideologie in allen industriellen oder in den diesem Zustand zustrebenden Gesellschaften verankert ist – egal, ob kapitalistisch oder kommunistisch –, können Programme für soziale Gerechtigkeit alleine nicht die Situation des Menschen ändern. In demokratischen Strukturen kann wenigstens das Anliegen der Liebe zum Ausdruck kommen, solange an ihr festgehalten wird.

Wir müssen erkennen, daß das Bedürfnis nach Macht und Besitz in dem Bedürfnis nach Unverletzlichkeit wurzelt. Elias Canetti veranschaulicht in seinem Aufsatz über ›Macht und Überleben‹[105] einen Aspekt dieses *inneren* Vorgangs, wenn er darauf hinweist, daß die Situation des Überlebens die zentrale Situation der Macht enthält. Es ist der Tod des anderen, der das Leben der Menschen, deren Sein nach Macht strebt, zu sichern scheint. Unverletzlichkeit kann letzten Endes nur gesichert werden, wenn niemand einen mehr bedroht! Die Schlußfolgerung dieser Logik wäre, entweder alle zu beherrschen oder alle auszurotten.

Canetti gibt ein erschreckendes Beispiel für diese Logik: Shaka, der Gründer des Zulu-Reiches in Südafrika, hatte zwölfhundert Frauen, denen es verboten war, schwanger zu sein; auf Schwangerschaft stand die Todesstrafe. Es ist die Absicht des Machtsuchenden, führt Canetti aus, der *einzige* zu sein. »Er will alle überleben, damit keiner *ihn* überlebt.« Und als eine der Frauen schwanger wurde, verbarg sie sich bei Shakas Mutter, die sich nach einem Enkel gesehnt hatte. Bei ihr wuchs dieser heimlich auf. Eines Tages aber überraschte Shaka seine Mutter, als sie mit dem Kind spielte. Er erkannte ihn sofort als seinen Sohn und tötete ihn auf der Stelle mit eigenen Händen.

Nun ist aber nicht alles Streben nach Macht so offensichtlich. Der Marxismus entwickelte sich aus der Betroffenheit um Ungerechtigkeit. Jedoch in dem Moment, in dem diese Betroffenheit in die Hände von Machtstrebenden gelangte, verlor er den Zugang zur Betroffenheit. Er hielt aber an dem Image fest, das den Anschein aufrechterhielt, für die Betroffenen zu sein. Die, die nach Macht streben, ob von links oder von rechts, bringen die Menschheit um, weil sie ihre eigene Verletzbarkeit nicht in Frage stellen können.

In all diesen Fällen wird die Erfahrung der seelischen Bedrohung als körperlicher Tod erlebt. Dem Tod auszuweichen wird zum Kernanliegen. Wie Canetti es darstellte, wird die *Entfernung* aller anderen zum Grundmotiv des Lebens. Jegliche Bereitschaft, die der Unverletzlichkeit ergeben ist, widerspiegelt diese Einsicht Canettis. Sie muß der Macht und deswegen dem Tode ergeben sein.

Daß es anders sein kann, anders war, daß Gesellschaften und ihre Kulturen einem inneren Gleichmut, *Equanimitas,* gewidmet sein können auf der Basis von Verletzlichkeit, beweisen die amerikanischen Indianer. John Collier, von 1933 bis 1945 US-Kommissar für die Angelegenheiten der Indianer, faßt es in seiner Studie ›Indians of the Americas‹ so zusammen: »Der Indianer hatte das Ziel, ein volles Leben trotz materieller Not zu haben, und dies aus einer tiefen Unsicherheit heraus, welche er, in seiner Weisheit, gar nicht aufheben wollte. Diese Unsicherheit wohnte nicht im Innern seiner Seele oder in seinem gemeinschaftlichen Leben. Sie entstand durch Kriege, Stürme und Krankheiten. Seine Bräuche und der kreative Umgang halfen ihm, *äußere Unsicherheit* in einen Zustand einer *nach innen gerichteten Sicherheit* zu verwandeln. Die weißen Invasoren kamen. Es gab Kriege, und die Unsicherheiten der Indianer nahmen zu, aber... (ihr) Gleichmut brach nie zusammen.«[106]

Sie wußten, daß die Verletzung eines Mitmenschen und die Verschmähung seiner Bedürfnisse und seiner Selbstachtung eine Selbstverletzung bedeutete. Und Collier sagt: »Sie besaßen, was die Welt verloren hat. Sie haben es jetzt noch. Was die Welt verloren hat, muß die Welt wiederhaben, sonst stirbt sie. Wir haben nicht mehr viel Zeit, um diesen verlorenen und wesentlichen Bestandteil wiederzuerlangen«, nämlich Gleichmut trotz Unsicherheit, Sicherheit trotz Hilflosigkeit, weil Stärke nicht aus Unverletzlichkeit, sondern aus Leid und Schmerz emporsteigt.

Die Armut unseres Jahrhunderts ist völlig anders als die der vorhergegangenen. Früher war Armut ein Resultat natürlicher Mängel an Nahrung und Schutz. Heute ist es ein Resultat der Prioritäten, die den unterentwickelten Teilen der Welt von den Reichen gesetzt werden. Um das zu verhüllen, ist heute die Armut nicht mehr ein menschlicher Zustand, sondern etwas Verwerfliches geworden. Aber der Mehrheit der Menschen geht es heute schlechter als vor fünf Jahrhunderten.[107] Und so lehnen wir unsere Verletzlichkeit noch mehr ab, wir lassen sie nicht zu.

Jene, die den Schmerz der ungenügenden Liebe am wenigsten ertragen konnten, widmen sich am stärksten der Unverletzbarkeit und der Größe. Menschen, die sich selber am meisten fürchten, sind am ehesten in den Lagern der linken und rechten Extremisten zu finden. Sie können sich von ihren Müttern nicht lösen und widmen sich deshalb dem Tode.

Unentwegt setzen sich die Rechten an die Spitze jeglicher Revolution. Sie verstehen es, die Macht zu konsolidieren, die scheinbare Unordnung in scheinbare Ordnung zurückzubringen. Am Ende stehen sie wieder neuen Revolutionären gegenüber. Das ist ein Vorgang ohne erkennbares Ende: Das Verhüllen der Ursachen unserer gesellschaftlichen Malaise wird zum Motor des Kriegszustandes. Deshalb beharren die Extremisten auf der Rache, denn sie verunmöglicht ein Aufdecken der Malaise.

Rache ist nicht primär ein Ausdruck von Wut, sondern ein Verneinen des Leidens. Die Extremisten beider Lager verneinen die Entbehrungen ihrer Kindheit. Aus diesem Grund können beide nicht zur eigenen Kraft gelangen. Sie glauben, daß Rache, Gewalt und Macht den Schmerz der Urverletzung ausgleichen werden. Meistens ist dies ein unbewußter Vorgang, der aber ins Bewußtsein drängen kann. Ein Beispiel dafür ist Bommie Baumanns Buch ›Wie alles anfing‹, in dem er seine Erkenntnis beschrieb, daß der Terror eine Flucht vor der Liebe war.[108]

Wahre Kraft kommt nicht aus kompensatorischer Macht, sondern aus dem Beharren im Schmerz, der so unerträglich ist, daß man glaubt, sterben zu müssen. Die Betonung der Demütigung dagegen dient der Rettung aus der aus dem Schmerz entstandenen Verzweiflung. Und Rache für Demütigung wird zu einer alles umfassenden Widmung.

Ein Patient, dessen Leben von der Lauer auf Demütigung und endloser Rache geprägt war, schilderte es nach langer therapeutischer Arbeit so: »Der Schmerz, den ich durch meine Mutter erlitt, war nicht nur Niederlage, sondern dahinter war etwas Lähmendes, etwas Dunkles, Nichtfaßbares, den Atem Lähmendes – hat mit dem Tod zu tun... Ich versuchte mich mit drei Jahren zu vergiften. Mit sechs Jahren griff ich nach einem Dolch und schrie, daß ich mich töten werde, weil ich mich von Mutter zu Unrecht blamiert fühlte. Sie sagte: ›Stich doch zu‹, und ich fühlte mich so gedemütigt.« – »Und«, fragte ich, »wo ist der Schmerz und die Verzweiflung darüber?« – »Es hört doch keiner!« rief er.

Nichts wurde anders für ihn, bis er bereit war, diesen Schmerz zu fühlen. Sich gedemütigt zu fühlen – und er war es ja – und Rache zu planen »rettete« ihn vor dem Schmerz des Nicht-geliebt-Seins. Diese Verzweiflung war es, die seinen Atem lähmte, die zum Tod hätte führen können. Aber als Erwachsener lag seine Rettung nicht im Ausleben seiner Macht-und-Rache-Phantasien, sondern im Erleben des unmöglichen Schmerzes von damals und der Entdekkung im Jetzt, daß er nicht mehr sterben würde.

Schmerz führt zu einem Gefühl der Niederlage, zum Teil, weil man etwas von Mutter und Vater haben möchte. Wenn man als Erwachsener merkt, daß sie es nicht geben konnten oder können, hört man auf, abhängig zu sein. Dann kann man auch mit dem Schmerz leben und die Stärke, die daraus emporsteigt, wahrnehmen. Dieser abgetrennte Schmerz liegt hinter jeglichem Aufruf zur Heldentat bei den Extremisten. Und Heldsein ist beides – Ausdruck der Erfahrung des fürchterlichen Schmerzes durch das Nicht-geliebt-Sein und zugleich Blockierung, sich diesem Tatbestand zu nähern.

Natürlich gibt es einen gewaltigen Unterschied zwischen dem linken und dem rechten Extremismus. Der linke Extremismus ist heraufbeschworen durch die Ablehnung der Rechten, auf Herz und Verstand zu reagieren. Aber wenn es dann zu Machtkämpfen innerhalb der linken Gruppierungen kommt, werden wiederum jene, die das Herz ablehnen, diesen Machtkampf gewinnen. Die, die an die Macht gelangen, ob links oder rechts, ähneln sich deswegen. Die resultierenden Verwirrungen sind extrem, nicht nur im Namen des Kommunismus, auch im Namen der Demokratie.

Und wir, die anderen in der Mitte, sind zum Spielzeug der Kinderträume dieser wahrhaft Verrückten gemacht. Dieser Kampf zwischen beiden, der der Haßentladung ihrer eigenen Unzulänglichkeit dient, ruft »Geschichte« hervor. Und »wir« und jene Führer, die das Leben wieder ins Gleichgewicht bringen möchten, verbringen unsere Zeit und Energien damit, daß die Schäden nicht zu schlimm werden.

Zum weiteren Hindernis wird, daß wir alle von der Ideologie der Größe, die Unverletzlichkeit verspricht, gefangen sind. Verschieden natürlich, und darin liegt Hoffnung. Aber im allgemeinen gilt, daß alle, die an die Notwendigkeit der Größe glauben, das Feindbild der Hilflosigkeit teilen und so Lösungen anstreben, die einer Integration des Menschen mit seiner Umwelt widersprechen. So verwechseln wir Freiheit mit Großsein.

Größe als Beweggrund

Das Bedürfnis nach Größe und einem Feindbild gehört zusammen: Beides wird zwingend, um der Hilflosigkeit auszuweichen. Doch es ist schwierig, sich davon zu lösen. Manche haben sich so verschrieben, daß sie andere zwingen müssen, ebenso zu sein.

Während der Schizophrene versucht, uns durch sein Verhalten darauf aufmerksam zu machen, daß wir von unseren Gefühlen gespalten sind, tut der Psychopath das Gegenteil. Er spielt mit unseren Gefühlen, mißbraucht die gesellschaftliche Spaltung zwischen Wort und Gefühl, um uns mit Worten zu überrumpeln. Zum Beispiel verwendet er die Sprache der Gerechtigkeit, um sein Vorgehen zu vertuschen, indem er uns die Schuld zuschiebt.

Ein Beispiel: Ein Bauer betoniert einen Waldpfad, um seine Scheune ausbauen zu können. Dieser Pfad war bisher der Weg zu einer gemeinnützigen Wiese der Gemeinde. Darauf hingewiesen, antwortete er: »Ihr solltet doch kooperativ sein und nicht streiten.« Und tatsächlich fühlten sich einige schuldig! Dieser Mann drehte die Wirkung von Täter und Opfer um. Menschen, eben noch Opfer, fühlten sich als Täter, obgleich das der Wirklichkeit widersprach.

Der Psychopath ist ein Experte im Erwecken von Schuld. Und Menschen fühlen sich schuldig in seiner Gegenwart, weil unsere Erziehung im Grunde auf Schuldzuweisung basiert. Der, der Schuld zuweist, scheinbar ohne Zweifel, bringt uns in die Ursituation unserer eigenen Kindheit. Noch dazu, wenn man sich als Kind schuldig fühlte, folgte auch Erlösung durch die verzeihenden, »großzügigen« Eltern. So nehmen wir im totalen Widerspruch zum Leid, das uns angetan wird, das »Leid« der autoritär auftretenden Person auf uns.

Diese Person, selber ohne Schuldgefühle, spielt mit unseren Gefühlen, macht aus ihnen einen Gegenstand des Spottes. Aber wir merken es nicht, sind von Geburt an konditioniert auf Unterwerfung. Es ist wie ein tragisches Spiel. Wenn man die einem anderen nicht aufbürden kann, dann muß man sie selber auf sich nehmen. Es ist, als ob dieser Ball der Schuld von einem zum anderen geworfen wird. Niemand wagt, ihn fallenzulassen. Schuld ist das Medium des Einanderbesitzens, nicht des Einanderliebens. Und wenn wir dem Besitz verbunden sind, um uns aus unserer Verletzlichkeit zu retten, dann sind wir ausweglos gefangen.

Die »Großen« der Geschichte haben immer, und tun es noch, scheinbar ohne Selbstzweifel ihre Verzerrungen unserer Gefühlswelt aufgebürdet. Und so werden wir durch den Gebrauch von Worten zum Werkzeug ihrer Wahnideen, die das Erleben der eigenen Gefühle beiseite schiebt.

Margaret Thatcher ist beispielhaft für einen Menschen, dessen Sprache völlig abgetrennt ist von der Wirklichkeit unserer Gefühlswelt. Sie schaffte es jedoch, mit Worten andere in eine zerstörerische Welt hineinzustürzen.

Jonathan Raban, ein englischer Journalist, hat eine ihrer Reden analysiert, gerade im Hinblick auf diese Abtrennung von Worten und ihrem gemeinschaftlichen Gefühlssinn.[109]

Diese Rede wurde von Frau Thatcher vor der Versammlung der Church of Scotland im Mai 1988 gehalten. Es war eine außerordentlich breit angelegte Rede, in der sie Themen zu Staat und Kirche, Sozial- und Wirtschaftsordnung und die Bedeutung der Demokratie ansprach. Sie gab aber nicht nur die Art ihres Denkens preis, sondern auch die Ablösung vom Gefühl des Menschlichen. Wie bei dem Beispiel mit dem Bauern muß man am eigenen Inneren festhalten, um nicht von ihren Worten in eine abgespaltene und den menschlichen Gefühlen feindliche Welt hineingezogen zu werden.

»Vielleicht wäre es am besten«, sagte sie, »wenn ich damit begönne, als Christin wie auch als Politikerin, wie sich mir die Dinge persönlich darstellen. Kürzlich fand ich beim Lesen den schlichten, einfachen Satz: ›Christentum bedeutet Erlösung im Glauben und nicht soziale Reform.‹«

Und schon werden wir von unserem Mitgefühl getrennt, und dies in einer Ansprache um eine Religion, die das Mitmenschliche zum Kern der Lehre gemacht hat. Aber sie ist klug genug, dies sofort zu verdecken, denn sie folgert: »Die meisten Christen begreifen es als ihre persönliche christliche Pflicht, ihren Mitmenschen zu helfen und das Leben von Kindern als ein uns anvertrautes Gut anzusehen. Diese Pflichten rühren nicht von einer staatlichen Gesetzgebung her, die vom Parlament verabschiedet wird, sondern daher, daß man Christ ist.« Und gleich danach wieder eine Kehrtwendung zu ihrer eigentlichen Trennung von Christentum und Herz: Die Kennzeichen des christlichen Lebens »entstammen nicht dem sozialen, sondern dem geistigen Bereich unseres Lebens«. Und dann, um dies ein paar Sätze weiter zu zementieren: »Aber wir dürfen uns nicht zum christlichen Glauben bekennen und in die Kirche gehen, nur weil wir soziale Reformen, Wohltätigkeit oder ein allgemein besseres Benehmen anstreben, sondern weil wir an die Heiligkeit des Lebens, an die Verantwortung, die mit der Freiheit einhergeht, und an das höchste Opfer Jesu Christi glauben.«

Im letzten Satz werden wir schuldig, denn sollten wir soziale Reformen, Wohltätigkeit oder ein allgemein besseres Benehmen anstreben, glauben wir nicht an die Heiligkeit des Lebens und an die Verantwortung. Was beim Beispiel des Bauern leichter zu sehen war! Unsere Gefühle, die aus unserer Bereitschaft zu Barmherzigkeit kommen, werden uns zum Verhängnis. Wir werden ihretwegen schuldig gesprochen und dazu gebracht, sie zu verlassen. Und so folgen wir Worten, die nicht mit unseren ureigenen Gefühlen zu tun haben. Hinzu kommt, daß wir in einer Welt leben, in der wir uns sowieso öfter unseres Mitgefühls schämen müssen. Und so folgen wir solchen Worten, weil sie uns von dieser Scham auch noch zusätzlich erlösen.

Rabans Analyse zielt auf die reduktive Art ihrer Thesen. Sie bringt nämlich die Heiligkeit des Lebens und der Verantwortung in Zusammenhang mit *freier* Wahl. Am Ende erscheint es so, schreibt Raban, als »läge die Bedeutung der Kreuzigung darin, daß Christus sein Recht auf freie Wahl beansprucht hat«. Eine unpassende Lächerlichkeit: »Christus, am Kreuz sterbend, wird mit den Leuten gleichgesetzt, die ihr Recht auf freie Wahl im Kauf eigener Häuser, in Privatschulen für ihre Kinder und in der ersten Klasse im Krankenhaus sehen.« Immer wieder werden mit dem Wort Menschen von ihren eigenen Gefühlen weggelenkt.

Abraham Lincoln war ein Mann, der aus dem Herzen heraus sprach. In seiner Gettysburg-Rede von 1863 wich er dem Leid seines Volkes in dem schrecklichen Bürgerkrieg weder aus, noch verkleinerte er es. Seine Ehrlichkeit entsprach seiner tiefen Betroffenheit durch Schmerz und dem Bedürfnis nach Gerechtigkeit aus Liebe.

Was macht Frau Thatcher damit? »Als Abraham Lincoln in seiner berühmten Rede von Gettysburg im Jahre 1863 von einer Regierung des Volkes, durch das Volk und für das Volk sprach, gab er der Welt eine treffende Demokratie-Definition, die seitdem weithin und enthusiastisch übernommen wurde. Was er aber als Regierungsform darlegte, war an sich nicht besonders christlich, denn nirgends in der Bibel wird das Wort Demokratie erwähnt.«

Was aber sagte Lincoln? »...wir sind der festen Überzeugung, daß diese Toten nicht umsonst gestorben sind, daß diese Nation mit Gottes Hilfe eine Wiedergeburt der Freiheit erleben wird und daß die Regierung des Volkes, durch das Volk und für das Volk nicht von der Erde verschwinden wird.« Frau Thatcher tut so, als ob er eine Demokratie-Definition gegeben hätte – er sprach vom moralischen Wert der Demokratie –, und sie zieht ihn dann herunter, weil das Wort Demokratie nicht in der Bibel erwähnt wird. Lincoln ging es um die christliche Auffassung, daß Menschen ebenbürtig sind. Indem Frau Thatcher uns durch Worte vom eigentlichen herzbezogenen Sinn wegtreibt, beschmutzt sie das Herz *und* die Demokratie.

Um das zu erkennen, muß man sicher in der eigenen Gefühlswelt ruhen. Da wir aber von Kindheit an davon weggetrieben werden, sollte es nicht erstaunen, daß Menschen wie Frau Thatcher, die mit Worten umgehen, die vom Kontext des Menschseins losgelöst sind, uns in der Tat von den inneren Verbindungen, die noch existieren, erfolgreich abschneiden.

Dazu muß sie natürlich selber abgeschnitten sein vom Lebendigen. Und in der Tat, wie Raban hervorhebt, beendete Frau Thatcher ihre Rede mit einem Choral, der dem Sterben junger Männer gewidmet ist. »Ich gelobe dir mein Land über alle irdischen Dinge, vollständig, ganz vorbildlich den Dienst meiner Liebe... Seele um Seele, leise erweitern sich seine strahlenden Grenzen.«

Die erste Strophe, so Raban, »preist den Ruhm des pro patria mori und versprich den Soldaten ›die Liebe, die ihren Preis bezahlt..., die Liebe, die zum letzten kühnen Opfer bereit ist...‹ Die zweite hebt das Versprechen des ewigen Lebens hervor, nachdem der unglückliche Soldat der für ihn bestimmten Kugel begegnet ist.«

So wiederum enthüllt sich das Streben nach Größe als »Anti-Leben«, als Obsession des Todes. Und dieser Trieb wandelt sich in ein Bedürfnis nach Macht, um gegen den Tod unverwundbar zu sein. Barbara Castle, eine Abgeordnete der britischen Arbeiterpartei, sagte einmal über Margaret Thatcher: »...sie ist in Liebe mit der Macht, mit Erfolg und mit sich selber.« Frankreichs Staatspräsident Francçis Mitterrand sagte über sie: »Sie hat die Augen von Caligula und den Mund von Marilyn Monroe.«[110]

Sie war erfolgreich, denn sie versprach Größe und Feindbilder. Der Falklandkrieg, die Armen und Kranken im allgemeinen, das öffentliche Schulsystem, der Kampf gegen alles, das zum Menschlichen mahnt, waren ihr wahrer Bestand und ihre Triebkraft.

Wenn solche Menschen einen anderen persönlich nicht foltern oder umbringen, lassen sie das Böse und das Unmoralische erblühen. Indem sie das Menschsein in sich selbst zerstückeln, gehören sie zu denen, die auf einer gespaltenen Sicht des Menschen beharren.

Gespaltenheit macht nicht nur unfähig, die Dinge in ihrer Gesamtheit zu sehen, sie verlangt ein aktives Vorgehen dagegen. Die individuelle Entwicklung begünstigt die Gespaltenheit durch die Unmöglichkeit, das Image der Eltern und ihr Verhalten zu verarbeiten. Die Spaltung im Bewußtsein des Kindes rettet es von dieser Unmöglichkeit, führt aber dazu, daß Spaltung selber zum Grundsatz jeglicher Perzeption wird. Das mögliche Gleichgewicht und die Gesamtheit selber werden zum Feind und müssen bekämpft werden.

In Margaret Thatchers Kindheit wurde Strenge mit Liebe verwechselt. Ihr Vater Alfred Roberts hatte einen Gemüseladen und war Laienprediger. Die Familie ging jeden Sonntag dreimal zu einer eineinhalb Kilometer entfernt gelegenen Kirche. Lesen und spielen waren an diesem Tag verboten. Als sie erwachsen war, verfolgte sie nur ein Ziel: andere von ihrer eigenen Meinung zu überzeugen. Auf das Thema »Thatcherismus« angesprochen, sagte sie 1988 in einem Interview, daß dieser die Herzen und Köpfe der Menschen so anspricht, »daß sie ja sagen und glauben«.[111]

Gespaltenheit muß durchgesetzt werden, um mit sich selbst weiterleben zu können. Mannigfaltigkeit, Meinungsverschiedenheiten können nicht toleriert werden, denn sie bedrohen die Kohäsion eines Selbst, das auf Gespaltensein beruht. 1979, als sie das Amt der Premierministerin übernahm, sagte sie: »Ich brauche ein Kabinett mit gleichermaßen einheitlichen Absichten und der Bereitschaft zur Hingabe... Als Premierministerin könnte ich keine Zeit auf innere Auseinandersetzungen verschwenden.«

»Ein Kabinett«, meinte Raban ironisch, »sollte ein Gremium sein, in dem der Überzeugungsvorgang bei jedem einzelnen abgeschlossen ist und alle einer Meinung sind.«

Diese innere Notwendigkeit der Spaltung bestimmt auch die gesellschaftliche Sicht, um eine Wirklichkeit, die das Mitmenschliche einbezieht, zu verneinen. So werden wir mit einer »Realität« konfrontiert, die dem Inneren solcher Leute entspricht und nicht der Wirklichkeit. Da sie selber die eigene Menschlichkeit unterdrücken, müssen sie Unterdrückung als Hauptantrieb des Sozialisierungsprozesses sehen. Deswegen müssen sie auf »law and order« bestehen. In einem Interview sagte sie 1986: »Auf der Ebene des Staates kann man nicht Freiheit ohne Ordnung haben. Man kann Ordnung nicht ohne das Gesetz haben. Die ganze Gleichheit um das Verstehen der Demokratie ist, daß die Ordnungsregeln stark genug sind, um das Böse, das in allen ist, zu unterdrücken.«[112]

Gleichzeitig führt solch eine Sicht zu ausgesprochenen Dummheiten mit verheerenden Folgen für eine ganze Gesellschaft. Eine Anekdote von einem Führer der Tory-Partei ist bezeichnend. »Wir gingen zu einer Cocktailparty von gemeinsamen Freunden. Sie fragte die Gastgeberin nach ihrer Tochter, die noch zur Schule ging, aber einen Sommerjob bei Marks & Spencer angenommen hatte. ›Sehen Sie‹, sagte Frau Thatcher, ›man sagt, es gibt keine Arbeit. Natürlich gibt es Arbeit.‹ In Wirklichkeit war der Vorsitzende von Marks & Spencer, Marcus Sieff, ein Freund der Leute, die die Party gaben.«[113]

Moralität ist bei solchen Leuten eine Frage der Unterwerfung unter Gesetze, Ordnung, Vorschriften. Für sie, geformt im Spiegelbild der Kollaboration mit der eigenen Unterwerfung, ist das Innere, das Mitmenschliche, die Empathie, ein verworfenes Gebilde und deswegen als Fundament der Moralität unbekannt.

Gewissen ist hier immer nur ein äußeres Über-Ich, zurückgehalten von der Effizienz gesellschaftlicher Vergeltungsaktionen. Weder Scham noch Mitgefühl hemmen dann jene, die nur auf Bestrafung reagieren. Und während die Führer solch einer Welt nach immer größeren Strafen rufen, verleumden sie ihre eigene Abspaltung vom Menschlichen, die Grundlage des moralischen Verfalls ist. Männer und Frauen, deren Sein auf das Zerstören ihrer Mitmenschen zielt, waren in ihrer Kindheit der schlimmsten Falschheit ausgesetzt und erkennen deshalb das moralisch Falsche in den regierenden Autoritäten als erste. Das wird zum Fingerzeig, alle Zurückhaltung zu drosseln.

Wo das Gewissen eine äußerliche Erscheinung ist, wird eine ganze Epoche von Kriminalität bestimmt sein. Ihre weltweite Steigerung ist ein Aspekt der Abgespaltenheit, nicht einfach des Verlustes moralischer Prinzipien. Die Abgespaltenen, wie Margaret Thatcher, sprechen Worte der Moralität, aber fühlen tun sie nichts. Darin liegen die Wurzeln des Bösen, im Verlust der Empathie, in der Erdrosselung der menschlichen Fähigkeit, eigenes und fremdes Leid zu erspüren. Solche Menschen können weder die Eigenschaft erkennen noch würdigen, Schmerz auszuhalten, Leiden zu verstehen und zu mildern.

Die, die sich am meisten verraten haben, müssen sich auch Macht aneignen. Die Sucht nach Macht, nach Unverletzlichkeit, hat zu einem ideologischen Gebilde geführt, das nicht als solches erkannt wird: die Glorifizierung von Größe. Größe als solche hat einen »moralischen« Wert erzielt, daß sie mit Gut, mit Schönheit, mit Fortschritt, mit Wohlfühlen selber identifiziert wird.

Das Ziel ist Größe um ihrer selbst willen. Implizit wird angenommen, aber es entbehrt jeder Wahrheit, daß Größe mit Entwicklung gleichgesetzt ist. Diese Gleichstellung ist ein weiteres Beispiel einer halluzinierten »Wirklichkeit«, die unser Leben in die Destruktion hineintreibt. Der weltweite Boom der immer größer werdenden Holding-Geschäftsorganisationen drückt diese Krankheit aus. Sie vermehren die Schulden, aber nicht die Produktivität. Der Zusammenfall solcher Imperien in den USA sowie der Kollaps ganzer amerikanischer Banken, die an der Finanzierung beteiligt waren, ist nur Zeugnis für die Krankheit. Am Ende bezahlen wir dafür, um diesen Wahnsinn weiter möglich zu machen. (Es ist bezeichnend, daß der Ende der achtziger Jahre beginnende Bankskandal in den USA zu einer Rettungsaktion der Regierung führte, die die Bevölkerung über fünfhundert Milliarden Dollar kosten wird. Das bedeutet über dreitausend Dollar pro Kopf! Das wird bezahlt werden müssen, weil die Großen nicht stürzen dürfen.)

Es geht um Größe, nicht um Produktivität oder Entwicklung. Der GNF, der Index für das Wachstum der heutigen Nationalökonomien, stellt sich als Index der Entwicklung vor. Wir sind so in Zahlen als Ausdruck des Wachstums gefangen, daß wir gar nicht merken, daß ihr Bezug auf diese Vorstellung Null ist. Wir sind benommen von der Notwendigkeit eines Glaubens an Größe, daß wir den Bezug zwischen dem Tun und dem Maß der Dinge verloren haben. Wachstum selber wurde schon vor Jahren vom Club of Rome als Zeitbombe mit selbstvernichtendem Potential für die ganze Welt entlarvt.

Günther Breitling vom Institute of Common Sense in Genf[114] fragte im Gegensatz zu den gängigen Wirtschaftstheoretikern: »Was wächst, und wem wächst es zu?« Wachsen wird natürlich das Nationalprodukt (GNP). Damit ist die Summe aller in einem Land erzeugten Güter und Dienstleistungen gemeint. Aber gemessen wird, schreibt Breitling, nicht der Zuwachs an Gütern und Dienstleistungen selber, sondern das dafür ausgegebene Geld. Das ist die einzige für die Steuererhebung relevante Größe. Aber das bedeutet nicht, daß diese Summe und Produktivität sich im Einklang befinden, denn alles, wofür Geld ausgegeben wird, zählt, auch Krankheit und Verkehrsunfälle gehören zum »Wachstum«! Zerstörung wird also durch diese Statistik genauso »wertvoll« für den GNP wie Aufbau oder Produktion. »Wenn also eine (zum Beispiel durch Steuern oder Finanzierung von Rüstungs- oder Prestigeobjekten) angestrebte Wachstumsrate nicht erreichbar ist, läßt sich dieses Resultat ohne Schwierigkeiten durch Destruktion herbeiführen. Auch offensichtliche Unannehmlichkeiten, wie zum Beispiel die in Autostaus auf den Straßen verpufften Millionen Liter Benzin, tragen zum Wachstum bei – wenn nur die Menge immer zunimmt. (Allein im Großraum Paris betrug diese Wachstumskomponente schon 1988 über tausend Millionen Schweizer Franken.)«

Wachstum, wie wir es messen, hat innerhalb seiner eigenen Logik eine tödliche Komponente. Erreicht wird, daß globales Wachstum »nur noch zwei Elemente beinhaltet. Was wächst, ist ausschließlich die Zahl der Menschen ... und der Müll.« Wachstum wird zu einer blinden Jagd nach einer Größe, die Gefahren verbreitet. Entwicklung, die mit diesem Wachstum identisch wäre, ist etwas ganz anderes. Sie bedingt, schreibt Breitling, für jeden Menschen Nahrung, Wohnraum und gesellschaftlichen Austausch. Sie hat im Grunde mit der Entwicklung der Lebensbedingungen einzelner zu tun und nicht mit dem Ruf nach Größe.

Größe beinhaltet die Jagd nach Gütern, die uns vor der inneren lauernden Unzulänglichkeit, vor unserer Verletzlichkeit, die wir nicht wahrhaben wollen, schützen soll. Etwas kaufen zu können hat so den Platz einer Heilung angenommen. Anstatt träumen zu können, kaufen wir und beschleunigen den Vorgang der Produktion. Und so kommen moderne Philosophien wie die von Ivan Bosky zustande, der in einem Vortrag an der Universität von Kalifornien sagen kann: »Ich denke, daß Gier gesund ist. Man kann gierig sein und immer noch gut über sich selber denken.«[115] Natürlich kann man sich als gesund betrachten, solange man durch das Kaufen sich selber zu finden glaubt. Es bewirkt auch, daß diese Jagd nach Größe die Empathie weiter tötet, denn am Ende kann dieses Streben nur auf Kosten anderer gehen.

Wir in den industrialisierten Gesellschaften können nur auf Kosten der unterentwickelten Länder unserem Konsum nachgehen. Damit fördern wir die Theorien des freien Marktes, der nur den heißhungrigen Appetit nach immer mehr Geld und immer mehr »Größe« verdeckt. Und mit diesem unersättlichen Hunger kommt das Gesetz des Dschungels. Das einzige, das sich entwikkelt, ist die Technik, und ihretwegen verlieren wir unsere Seelen.

Die Unterwerfung unter die Größe durchdringt uns auf allen Ebenen unseres Lebens, ohne Bewußtsein seines Werdegangs noch seiner Wirkung. Der sich dauernd vergrößernde Konsum an Stimuli ist selber Ausdruck und Anreger der Notwendigkeit für Größe. Er verfestigt die Abspaltung vom Innern in solch einem Maß, daß nicht in Stimuli eingetaucht zu sein wie ein schrecklicher Zustand des Nicht-am-Leben-Seins ist. Es kommt einer sensorischen Deprivation gleich. Man fühlt sich ohne andauernde und sich erhöhende Stimulation (es mögen Popmusik sein, große Autos, Radios, Sex, Reisen, Spektakel), als ob man auseinanderfiele. Wir sind abhängig geworden von der Macht der Stimuli selber.

Wir sind blinder geworden, indem wir die Größe als Erlöser unseres Selbst suchen, ungeachtet der wirklichen Probleme. Wie tief das im einzelnen geht, wie groß die Not, durch Größe sich selbst finden zu können ist, zeigen die Identitätsvorgänge im Nationalismus.

Die Wiedervereinigung Deutschlands als Hauptanliegen in einer Welt, die immer mehr von ökonomischer Abhängigkeit der Nationen gekennzeichnet ist, ist ein Beispiel. Statt daß der Mensch seine Individualität ernst nimmt, glaubt er, sie durch Größe zu erlangen. Aber, um Don Mattera, der über den Identitätskampf in Südafrika schrieb,[116] zu paraphrasieren, die Freiheit und Gerechtigkeit, die uns allen Menschen zusteht, kann erst dann für sich gelten, wenn ein Mensch gelernt hat, daß er selber etwas für sich bedeuten muß.

Es gibt keine großen Männer und Frauen. Ronald Sampson, der britische Politwissenschaftler, sagt: »Wir haben uns eingeredet..., daß der Wille, andere zu beherrschen, gut sei und daß diejenigen, die diesen Drang zur Herrschaft bekunden, schon allein dadurch Achtung, Bewunderung und Gehorsam verdienten – und damit haben wir den Kräften des Bösen schon fast gestattet, uns alle zu vernichten... Noch ist es nicht ganz zu spät, das Gleichgewicht zwischen den Kräften des Guten und des Bösen zu verändern, indem wir die Wahrheit aussprechen und in Ehren halten. Es gibt kein anderes Mittel, die Macht der Gewalt einzudämmen, als die Einheit und Kraft stiftende Fähigkeit des Menschen, andere selbstlos zu lieben.«[117]

Geschichte bewegt sich um das Weiterreichen dieser Wahrheit. Was die Welt vor Zerstörung bewahrt, ist das Weiterreichen der Liebe.

Geschichte bewegt sich zwischen dem Hin und Her von denjenigen, die sich dem Tode, und denjenigen, die sich der Liebe widmen. In diesem Sinne war der historische Jesus ein Ausdruck der Macht der Liebe. Der Marxismus dagegen, obgleich seine Quellen in der Suche nach Gerechtigkeit lagen, verlor in seiner Verknüpfung mit der abstrakten Idee von Größe das Herz. Aber der Kampf für das *Gute* muß trotzdem weitergehen. Die Technik allein kann uns da nicht helfen, denn sie ist ein Beiprodukt der Suche des nach außen hin Gelenkten. Freisein kommt nicht durch technischen Fortschritt, sondern, wie Joseph Wood Krutch, der berühmte amerikanische Humanist, es einmal formulierte, dadurch, daß man mit weniger schöpferisch leben kann.

Beide festigen und fördern die Zerstückelung unserer Sicht und Wahrnehmungen, weil ihre eigene persönliche Kohäsion die Gespaltenheit benötigt. Sie sind die Feinde jeglicher Integration, die auf eine Gesamtsicht der persönlichen, ökonomischen und sozialen Dinge zielt. Durch das Medium Technik ist ihre Macht und deswegen die Gefahr, die sie für die Menschheit bedeuten, unermeßlich gestiegen. Zusammen kämpfen sie gegen den Zusammenhalt unserer Welt. Der Psychopath mit einem nach außen verlagerten Sein strebt die momentane Kontrolle über den anderen an. Der Bürokrat verteidigt den Status quo, um seinen Zusammenhalt und seine Existenz zu schützen.

Jetzt, am Ende des 20. Jahrhunderts, mit einer Technik, die sich mit beiden, dem Psychopathen und dem Bürokraten, verbunden hat und die dem Menschen scheinbar volle Herrschaft über den Planeten Erde gibt, stehen wir vor dem Ende der Natur und damit der Welt selber. Es ist, als ob sie mit der Technik aus dem Bereich des Menschlichen austreten können und das Leben oder den Tod des Planeten und seiner Einwohner bestimmen. Das entspricht ihren dem Tod ergebenen Absichten. Der psychopathische Typ Mensch spricht aber von der Macht des Lebens, um uns damit zu blenden.

Bill McKibben zitiert in einem provokativen Artikel über das Ende der Natur einen von diesen: »Mit der Macht über das Leben in unseren Händen könnten wir zum Beispiel Wälder da erschaffen, wo früher kahler Boden war, Spezies vor dem Aussterben schützen... Was für eine Zeit, am Leben zu sein!«[118] Verborgen ist, daß hier nur über die Gattung Mensch gesprochen wird, nicht über die Balance von allen und allem. Aber in einer Zukunftsvision der *Kontrolle* über all das, was außerhalb des Selbst ist, liegt die Verführung.

Jeremy Rifkin ist einer der kraftvollsten Gegner dieser oben dargestellten genetischen Manipulation. Er schrieb: »Tausende von Jahren haben Menschen ›pyrotechnisch‹ gelebt, verbrannten, schmolzen, mischten leblose Materialien – Kohle oder Eisen. Wir wirkten von außen nach innen, um unsere Umwelt zu ändern. Jetzt fangen wir an, von innen her unsere Umwelt zu ändern, und das ändert alles – nur nicht das endlose Verlangen, unseren Planeten zu beherrschen.«[119] Was sich dahinter verbirgt, wurde ganz offen, aber ohne Einsicht, von dem Engländer Brian Stableford in seinem Buch ›Future Man‹ dargestellt: Genetische Technik »wird uns schließlich ermöglichen, die Tätigkeiten aller Lebewesen auf der Erde – die ganze Biosphäre – ausführlich zum Vorteil unserer Gattung zu nutzen«.[120]

Genetisch »verbesserte« Bäume existieren schon. Weihnachtsbäume werden geklont, um Bäume zu züchten, deren Nadeln nicht auf den Fußboden fallen und ihn verschmutzen werden. Viele glauben, daß diese Entwicklung nur eine Erweiterung traditioneller Zuchtpraktiken ist. Aber die Natur legt diesem Vorgehen Grenzen auf. »Mendel konnte zwei Erbsen kreuzen, aber nicht eine Erbse mit einem Pinienbaum, noch weniger mit einem Schwein oder einem Menschen... Unser Verstehen der natürlichen Schranken half uns, die Natur in unserem Geist zu verstehen... Die Idee, daß die Natur definiert werden kann, wird bald veraltet sein. Nämlich alles kann geändert werden. Ein Kaninchen kann noch für den Moment ein Kaninchen sein, aber morgen wird ›Kaninchen‹ keine Bedeutung haben. ›Kaninchen‹ wird ein paar Fäden der genetischen Codes sein, nicht wichtiger als eine Reihe von Plänen für den 1940er Ford... In solch einer Welt wird nichts unmöglich sein – vielleicht sogar Immortalität... Ob ewiges Leben irgendwelche Bedeutung habe wird, ist eine andere Sache...! Es mag sein, daß ein völliger Zusammenbruch zustande kommt in dem Unterscheiden zwischen dem Lebenden und dem Nicht-Lebenden: Die Grenze zwischen beiden wird unscharf und ersetzt werden bei Systemen der Maschinerie von Metall, Plastik und Glas.«

Dies, folgert McKibben, ist das logische Resultat unseres Denkens, daß wir immer die Welt zu unseren Gunsten dominieren müssen. Das Problem ist nicht, daß das Verbrennen von Öl Karbondioxide freigibt, wodurch (seiner Molekularstruktur wegen) die Hitze der Sonne eingefangen wurde. »Das Problem ist, daß die Natur... nicht mit unserer Bevölkerungszahl und unseren Gewohnheiten auskommen kann, aber es wird eine künstliche Welt sein – eine Space-Station.«

Darum geht es: Das Bedürfnis nach Kontrolle führt uns in eine totale Unmenschlichkeit hinein, in eine Roboterwelt, die sich und unseren Planeten nur zerstören kann. Wenn wir keine Erinnerung mehr an die Natur haben werden, werden wir für immer die Bedeutung des Menschlichen verloren haben. Wir werden uns zu Göttern gemacht haben, zu *falschen Göttern*, da die Liebe für das Lebendige völlig von der halluzinierten Notwendigkeit für Macht ersetzt sein wird. Das zu verhüten, wird die vorrangigste Aufgabe aller dem Leben zugewandten Menschen sein müssen.

Dagegen ist die Gleichgültigkeit gegenüber der drohenden Katastrophe die allgemeinste und gefährlichste Erscheinungsform, die aufgebrochen werden muß. Die Gleichgültigkeit hat ihren Ursprung im Vermeiden jeglicher Ernsthaftigkeit. Sie fängt an mit dem Unwillen oder der Unfähigkeit, sich der Lüge über die Liebe zu stellen.

Da diese Gleichgültigkeit vom täglichen Leben unterstützt wird (die dem Leben Zugewandten werden als verrückt abgetan, deshalb muß man sie nicht ernst nehmen), ist der Gehorsam ihr gegenüber eine unserer großen Gefahren. Er ist auch der Antrieb der bürokratischen Anpassung.

In einer Untersuchung, die ich über viele Jahre hinweg durchführte, zeigte es sich sehr eindrücklich, daß das Festhalten an Regeln und Paragraphen einer tiefen Angst vor Änderung entspricht.

Die Aufgabe in meiner Forschung war folgende: Ich nahm eine der von Edwin G. Boring von der Harvard-Universität entwickelten mehrdeutigen Figuren, die entweder als schöne junge Frau oder als häßliche Alte gesehen werden kann. Zuerst beseitigte ich alle Attribute der alten und häßlichen Figur, so daß nur noch das Bild der Schönen übrigblieb. In einer Reihe von zwölf Bildern fügte ich immer mehr Attribute der Alten hinzu und entfernte gleichzeitig die Attribute der Schönen. Im letzten Bild, dem zwölften, war dann nur noch die Häßliche zu sehen.

Das Interessante war, daß *die angepaßten Menschen*, die kein *eigenes Selbst entwickelt* hatten, in diesem Test an ihrer ursprünglichen Bewertung, trotz Wandel der Figur, festhielten. Anfangend mit dem Bild der Schönen, sollten sie einfach sagen, was sie sahen. Diese Menschen hielten am zuerst geformten Bild fest, bestanden darauf, daß die Schöne auch noch im letzten Bild da war, »daß sie wohl ihren Kopf weggedreht hat«.

Diese Menschen können sich ihres Gehorsams wegen nicht wechselnden Situationen anpassen. Diese Angst ist die Quelle ihrer Wut und macht sie den Göttern hörig, die Autorität und leblose Regeln versprechen.[121]

Wir sind so weit vom Leben abgeschnitten, daß unser Bewußtsein diese Angst, die falsche Götter ermöglicht, gar nicht wahrnimmt. Gedankenlosigkeit ist ein Ergebnis der Verdrängung drohender Gefahren.

Die Konsequenzen im täglichen Leben sind erschreckend: Die Explosion eines Heißwasserboilers verursachte den Tod einer jungen dreiköpfigen Familie.[122] Der tödliche Unfall ereignete sich an einem Donnerstagabend. Schon am vorhergegangenen Montag wurde gemeldet, daß die Wassertemperatur im Boiler des Elektrospeichers zu hoch sei. Das Gemeindeamt wurde informiert, da die Gemeinde Eigentümerin des Gebäudes war. Diese setzte sich mit der zuständigen Heizungsfirma in Verbindung. Ein Installateur schaltete dann die Heizanlage ab. Doch die Temperatur stieg weiter. Am Mittwochmorgen wurde eine Temperatur von hundertfünfundzwanzig Grad Celsius gemessen. Das Gemeindeamt wurde erneut informiert. Die Gemeinde tat nichts, weil die zuständige Firma bereits informiert war. Am Donnerstag wurde das Amt wieder informiert, daß etwas unternommen werden müsse, da Gefahr bestehe. Die Gemeinde setzte sich mit der Stromversorgungsgesellschaft in Verbindung. Da der dafür Zuständige abwesend war, wurde der Auftrag lediglich angenommen. Am Abend ereignete sich die verheerende Explosion.

Eine Schuldzuweisung würde die eigentliche Ursache dieser Tragödie verschleiern. Diese liegt in der allgemeinen Abgespaltenheit, so daß sich niemand zuständig fühlte, sofort etwas zu unternehmen. Jeder weiß, daß Wasser bei hundert Grad Celsius kocht. Doch alle folgen den Paragraphen und verlieren durch eingeschränkte Phantasie an Menschlichkeit. Die Schuld liegt in dem Verlust des Inneren, nicht in der Frage, ob jemand eine Regel übersah.

Natürlich wird die herrschende Autorität nach einem Schuldigen suchen, denn nur so betäuben wir uns alle über den Tatbestand unserer verlorengegangenen Menschlichkeit. Deswegen ist es auch unwichtig, ob der wirklich Schuldige gefunden wird. Das Wichtige ist, ein Opfer zu finden, um uns von den Resten der eigenen Schuld zu befreien. Und da sind die Psychopathen wieder die besten Partner dieser Inszenierung. Die Systematisierung dieser tödlichen Gesinnungen durch die immer mehr unpersönlich werdenden technischen Strukturen der Bürokratie führt zum eigentlichen Zeitalter der Psychopathen.

Ist der Frieden überhaupt möglich, wenn Menschen sich nicht selber lieben können, die Nähe des anderen nicht ertragen?

Der Frieden kann nicht zustande kommen, wenn wir ihn nicht in uns besitzen. Der Versuch, ihn von außen zu lösen, ist immer gescheitert. Die Herrschaftsstrukturen »vererben« sich, denn der Unterdrückte identifiziert sich mit ihnen, verinnerlicht sie als halluzinierte Gegenmacht zu der Hilflosigkeit, die er für Schwäche nimmt. Deshalb kann er auch seinen eigenen menschlichen Wert nicht erkennen.

Solange Selbstwert auf Macht und Besitz basiert, kann Frieden nie erreicht werden. Der Weg dorthin kann nur ein individueller sein, um zu erkennen, daß Kräfte entstehen, wenn man nicht vor Leid und Schmerz davonläuft.

Die Identifikation mit Macht, ihre Anbetung, ihre Verherrlichung muß hier angesprochen werden. Doch das am meisten verbreitete Symptom unserer Zivilisation, mit dem wir dagegen rebellieren, ist der Kopfschmerz. So seltsam es klingen mag, aber dieses Symptom ist das Zeichen des inneren unbewußten Widerstandes der Unterwerfung zum Glauben an die Autorität.

Immer wieder habe ich in meiner psychotherapeutischen Praxis festgestellt, daß nicht zugelassene berechtigte Wut, weil das Innere dem Prinzip der Autorität beigetreten ist, somatischen Ausdruck im Kopfschmerz findet. Dies ist natürlich kein bewußter Vorgang, weil die Bedrohung des Anerkennungs- oder Liebesentzugs für Ungehorsam der Autorität gegenüber nicht erlebt wird. Man hat Angst und Widerwillen vor der Möglichkeit der Wahrheit. Wir wollen ja mitmachen und glauben, daß die eigene Sicherheit, durch Anerkennung errungen, unumstößlich ist. Die eigene Wut, nicht als solche erkannt, wird zum Feind und muß beiseite geschoben werden. Da das nicht geht, findet sie ihren Ausdruck in körperlichen Symptomen.

Der Kopfschmerz, dieses so weit verbreitete Symptom, ist ein Zeichen für die Schwierigkeiten, sich sich selber zu stellen. Aber die körperliche Reaktion beweist auch, daß Menschen sich im Grunde nicht unterwerfen möchten. Darin wiederum liegt eine Hoffnung.

Nur Liebe kann Unbewußtheit in Bewußtheit umwandeln. Das heißt, sich selber dafür zu öffnen, indem wir uns erst einmal uns selber stellen.

Eine Differenzierung ist hier nötig: Die wirklich Angepaßten, die sich unterwarfen, um an der Macht teilzuhaben, hassen andere, um sich nicht selber ihrer Schmach und ihrem Selbsthaß stellen zu müssen. Sie leiden meistens nicht unter Kopfschmerzen. Dann kommen noch all die, die voller Zweifel und Rebellion sind, die den Feind, der sie unterdrückt, erkennen, aber von ihm geliebt werden wollen. Das sind die meisten von uns, die noch ein anderes Ufer sehen und deswegen öfter an Kopfschmerzen leiden.

Um das zu entwirren, müssen wir unsere eigene Verstrickung in diesem Unterwerfungs- und Machtprozeß erkennen. Wir müssen erkennen, indem wir uns beobachten, daß wir vom anderen Liebe wollen. Das hört sich wie ein Widerspruch an, da wir ihn/sie doch als Feind erkannt haben. Doch das ist das bodenlose Unbewußte um das Ringen um Freiheit.

Wir glauben, keine Liebe zu wollen, bestehen aber darauf, daß der, der sie nicht zu geben hat, sie uns gibt. So schlagen wir um uns, um diese anderen zur Besinnung zu bringen. Wie Henry Miller es hervorragend formulierte, wir sind an die Mutter gebunden und rebellieren, um diese Leibeigenschaft zu verbergen.

Wir wurden von ihr (und/oder Vater) verletzt, verneinen es aber, weil der Schmerz unerträglich war. Auf diese Weise, anders als der dem Gehorsam Angepaßte, bleiben wir aber auch, wie er, für immer gebunden. Es ist diese Kette, die durchbrochen werden muß, aber ohne die Liebe zu verwerfen. Nur so werden wir frei werden und Liebe von denen akzeptieren, die sie wirklich geben können. Das wird uns befähigen, effektiv mit den wirklichen Feinden (in Differenzierung zu den halluzinierten) umzugehen, nämlich wie mit Menschen, die uns ähneln, die wie wir gefangen und keine Götter sind.

Wenn wir nicht mehr Liebe von diesen falschen Göttern erwarten, werden wir frei von der Macht sein, die wir in ihre Hände gelegt haben. Und wenn wir davon befreit sind, wird konsequenter Umgang möglich sein. Nur wenn wir aufhören, im geheimen etwas von ihnen zu erwarten, können auch sie etwas Neues lernen. Solange sie sich nämlich als Götter sehen, die »Liebe« geben, bleiben sie in einem unbelehrbaren Zustand der Grandiosität befangen.

Uns steht die eigene Vergangenheit, die uns Angst vor Liebe einflößte, im Wege. Wenn »Nicht-Liebe« als Liebe getarnt wurde, lernt ein Kind, sich vor der Liebe zu schützen. Die Erwartung löst den unerträglichen Schmerz des Nicht-geliebt-Seins aus. Wenn wahre Liebe einem dann begegnet, macht sie angst, und wir versuchen, im Liebenden eine negative Reaktion herauszulocken, um ihn/sie als falsch etikettieren zu können.

Wahre Liebe, auf Distanz gehalten, verhindert die unerträgliche Nähe des alten Schmerzes. Aber noch wichtiger ist ein anderes Phänomen solch einer Entwicklung. Das Wertlossein, das das Nicht-geliebt-Sein fördert, wird verteidigt, denn wertvoll sein bedeutet, daß man Liebe erwarten kann, *und so gibt das Wertlossein eine gewisse Sicherheit.*

Das ist der eigentliche Grund, warum wir als Menschen Führern folgen, die uns verachten, weil diese Verachtung erleichtert. Wir laufen jenem nach, der die Verachtung verkörpert, weil wir uns selber verachten und uns nur wohl fühlen können, wenn das, was sich noch in einem Winkel der Seele als wertvoll meldet, zurückgeschlagen werden kann. Sich wertvoll zu fühlen macht die größte Angst, denn der eiserne Vorhang der Erinnerung an den ursprünglichsten Schmerz droht niedergerissen zu werden.

Aus diesem Grunde steigert eine Zeit, die von Wandel und Umwälzungen und Umbrüchen gekennzeichnet ist, den Haß im Angepaßten. Antisemitismus, Fremdenhaß sind Symptome dieses Vorgangs. Wenn die Anpassung durch wirtschaftliche Änderungen nicht mehr gelingt, wenn der gesellschaftliche Status nicht mehr erhalten bleibt, weil die Anpassung durch einen neuen Wettbewerb gefährdet ist, dann bricht das Bedürfnis nach Fürsorge und Liebe erneut durch die inneren Mauern. Aber die Angst ist nicht nur Angst vor wirtschaftlicher Entbehrung. Alle Säulen der Anpassung, mit der das Gefüge der Wertlosigkeit und Lieblosigkeit zusammengehalten wurde, stürzen ein. Der Haß steigt, und Menschen suchen Erleichterung von der eigenen Verachtung und dem eigenen Bedürfnis nach Liebe da, wo sie von wahrer Liebe, wahrer Achtung nicht gefährdet werden können.

Ich habe schon beschrieben, wie perzeptuelle Wahrnehmungen rigide und unzulänglich werden. Wertlosigkeit und Selbsthaß sind Bestandteile der jetzigen Entwicklung in Europa und anderswo. Es ist ein Faktor der Geschichte, daß Haß und Selbstverachtung immer wieder, nachdem ein paar Mutige den Weg für Gerechtigkeit frei gemacht haben, eine Revolution übernehmen. Die Französische Revolution ist ein Exempel par excellence dafür. Nicht einer der zwölf der Revolutionsregierung des ersten Jahres war frei von Haß und Verachtung.[123]

»Erneuerung« der Gesellschaft führt immer wieder zu Zerstörung, außer wir erkennen endlich, daß Haß, als Liebe offeriert, dem Psychopathen den Weg zur Macht ebnet. Die Korruption neuer Machteliten bewirkt eine neue – und deswegen ungeschwächte – Günstlingswirtschaft, die dann auf Kosten des Volkes lebt. Haß, als Liebe getarnt, ist vielen Menschen eine Erleichterung, weil sie das aus der Kindheit kennen. Es befreit sie von dem schrecklichen Schmerz, den das Verlangen nach Liebe in ihnen neu entstehen ließe. Um diese verhängnisvolle Liebe nicht zuzulassen, kommt es zu dem Wechselspiel zwischen ihnen und den psychopathischen Führern. Ein Spiel, das für alle zur Destruktion führt.

Ein Patient, politisch aufgeklärt und engagiert auf seiten der Gerechtigkeit im eigenen Land, bewunderte Khomeini und Gaddhafi als Männer, die von Liebe für ihr Volk erfüllt waren. Daß sie töteten, sah er nicht. Es war wie damals, als seine Mutter bei einem vorbeifahrenden KZ-Transport, angesichts der ausgezehrten Gesichter und den von Terror erfüllten Augen sagte: »Der Führer weiß nichts davon.«

Wenn man Liebe fürchtet, sucht man sie da, wo sie einen nicht bedrohen wird. Und so umarmen wir den Haß im Glauben, es sei die Liebe. Ich beschrieb ähnliches im ›Wahnsinn der Normalität‹, wo eine Studentin unter Lebensgefahr über einen Gletscher lief, um eine Eissäule zu umarmen. Wir suchen die Kälte, weil wir fürchten, an der wahren Liebe zu verbrennen.

Dieses Verhängnis der Angst vor der Liebe, an der wir alle leiden, unter den Bedingungen einer Kultur, die die Menschen voneinander entfremdet, gibt denen, die Haß als Liebe verkaufen, Macht: Wir geben ihnen die Macht, mit der sie uns alle zugrunde richten. Es ist diese Interaktion zwischen einer Vergangenheit des Nicht-geliebt-Seins und dem psychopathischen Typ. Das begünstigt »große« Männer und macht aus ihnen Götter, die uns vernichten.

Es ist wichtig, den wirklichen Feind und die Bereitschaft, mit der wir bewußt und unbewußt mit ihm ein Bündnis eingehen, zu erkennen. Es ist wichtig, die eigene Liebesfähigkeit zu erweitern, indem wir uns der Trauer des eigenen Ungeliebtseins stellen.

Ein fünfjähriger Junge sagte, er möchte ein Roboter sein, weil ein Roboter kein Herz hat. Menschliche Gefühle in sich »wohnen« zu lassen, so Suzanne Maiello[124], war für ihn lange Zeit nicht möglich. Der Roboter war für ihn gleichbedeutend mit Unverwundbarkeit. Erst durch die Begleitung der Therapeutin konnte sich das ändern, weil er doch noch tief im Innern sein Herz für unbesiegbar gehalten hatte. Viele haben dieses unbewußte Geheimnis, darin aber liegt Hoffnung.

Wenn wir uns selber besser erkennen, werden wir weniger Götter suchen müssen und die falschen erkennen. Wenn wir uns selber weniger verachten, weil wir die Kraft haben, die alten Wunden in ihrem wirklichen Umfang zu erleben, werden wir die getarnte Verachtung erspüren. Wenn wir selber weniger zu hassen brauchen, werden wir ihren Haß erkennen und ihnen nicht beitreten, wenn sie für uns Feindbilder produzieren.

Ein Merkmal der falschen Götter

Ein Merkmal dieser falschen Götter ist die Zerstückelung ihrer Sicht. Wie liebend sie sich auch geben, wie scheinbar respektvoll, ihr Anliegen, bewußt oder auch unbewußt, ist immer die Zerstörung der Ganzheitlichkeit. Das ganzheitliche Verständnis ist immer das Objekt ihrer uneingestandenen Wut.

Grundsätzlich sind wir auf ganzheitliche Wahrnehmung und ein integriertes Erkennen unserer Umgebung abgestimmt. Im Alter von nur dreißig Tagen drücken Säuglinge schon Schmerz und Leid aus, wenn sie mit einer Zerstückelung der Einheit und Ganzheit der Perzeption der Mutter konfrontiert sind.[125] Die Unruhe im Säugling entspricht einer ursprünglichen, einheitlichen Einstellung und einem entsprechenden Bedürfnis nach Integration.

Wo Liebe ungenügend ist, kann ein Kind in die entgegengesetzte Richtung gehen, um dem Schmerz auszuweichen, den eine ganzheitliche Sicht nur bestätigen würde. So müssen solche Menschen darauf bestehen, ihre und unsere Sicht zu segmentieren. Wie raffiniert das vor sich geht, zeigte die Analyse von Margaret Thatchers Rede.

Diese Tendenz zur Abspaltung ist heute zu einer bedrohenden Gefahr geworden. Die Probleme der Welt sind immer mehr Gesamtheitsprobleme. Wenn der amazonische Urwald oder der indonesische oder afrikanische abgeholzt sein werden, ob dies aus Notwendigkeit wie in Afrika oder aus Profitgründen für Großindustrien oder Handelsfirmen in anderen Ländern geschieht, dann hat das Auswirkungen auf unser aller Leben. Brandrodung zu diesem Zeitpunkt fügt der Atmosphäre ungefähr zwei Milliarden Tonnen Karbon pro Jahr hinzu. Das ist etwas mehr als zwanzig Prozent der Summe, die durch das Verbrennen von fossilem Stoff erzeugt wird. Das Resultat ist ein Temperaturanstieg und eine Veränderung der gesamten Umwelt.

Anstatt die Bedrohung ernst zu nehmen, versuchen jene Politiker, deren Charakter dem Psychopathen nahesteht, das Problem herunterzuspielen. Wenige wagen es, die etablierten Grenzen des Denkens und Tuns zu durchbrechen. Präsident Bush versuchte im April 1990 in einer Konferenz, die von den USA einberufen worden war, den Zusammenhang zu bestreiten. Uns vor wahren Feinden zu retten würde ja bedeuten, daß die Ausgaben für Rüstung, die einer halluzinierten Gefahr gewidmet sind, reduziert werden müßten.

Aber die Natur wartet nicht, signalisiert immer wieder Zeichen des Verfalls unserer Umwelt. Im September 1989, beim ersten Weltkongreß der Herpetologie, stellten Wissenschaftler fest, daß Frösche, Kröten und andere Amphibien vom Aussterben bedroht sind. So zum Beispiel waren in Boracea, Brasilien, von dreißig Froscharten sechs gänzlich verschwunden, und sieben zeigten dramatische Verminderungen. David Wake, Direktor des Vertebrae-Zoologie-Museums der Universität Berkeley von Kalifornien, sagte darüber: »Amphibien gab es, als es die Dinosaurier gab, und sie überlebten das Zeitalter der Säugetiere. Sie sind zähe Überlebenskünstler. Wenn die jetzt am Aussterben sind, dann ist das ein bedeutendes Warnzeichen des Verfalls unserer Umwelt.«[126]

Trotzdem werden wir von den eigentlichen Problemen, die wir lösen müssen, weggeschoben. Viele an der politischen und wirtschaftlichen Spitze legen uns die Kleinlichkeit unserer Sorgen nahe, denn sich Gedanken machen bedeutet, daß wir »depressive Angsthasen« sind. Das ist an sich schon ein Manöver, uns von unseren Gefühlen abzutrennen. Angst hat nichts mit Feigheit zu tun. Aber für diese Menschen bedeutet Angst die Erinnerung an die Feigheit, als sie nicht den Schmerz ihrer Kindheitssituation aushalten konnten und sich einer Macht unterwarfen.

Wenn wir uns aber selber stellen und verstehen können, daß »Feigheit« eine menschliche Reaktion ist, dann befinden wir uns schon auf dem richtigen Weg und werden die wirklichen Schwachen, die sich nicht der Feigheit stellen können, erkennen. Dann werden wir frei werden von diesen »Göttern« und ihren andauernden Bemühungen, ihren zersplitterten Denkweisen beizupflichten.

Die, die sich der Größe am meisten widmen, dienen auch dem gespaltenen Denken am meisten. Das mag sich wie ein Paradox anhören, da wir glauben, daß Größe aus der Fähigkeit einer umfassenden Sicht emporsteigt. Aber Größe dient ja nur der Befestigung der Macht, nicht dem Anliegen der Gemeinschaft. Wir sehen täglich, wie industrielle oder finanzielle Größe das Eigeninteresse und nicht die Gesamtsicht der menschlichen Interessen subventioniert. Größe selber tötet die Imagination, denn um groß zu werden, müssen skrupellose Erfolgsstrategien entwickelt werden. Im Wettbewerb um Führung werden die, die am rücksichtslosesten ihr Ziel verfolgen, am erfolgreichsten sein. Also begünstigt dieser Glaube an Größe wieder den Psychopathen.

Gespaltenes Denken führt zum Verlust der Phantasie und der Fähigkeit, wirkliche Gefahren zu erkennen. Mit einer gespaltenen Sicht können Probleme losgelöst von anderen Problemen studiert werden. Das Ozonloch, die Abholzung des Urwaldes, die Verschmutzung der Meere, der Treibhauseffekt, die Explosion der Weltbevölkerung, der Verlust von Anbauland für Agrarkulturen ist, vereinzelt gesehen, immer nur *eine* Sache. Aber all diese Veränderungen werden auf *einmal* passieren. Es wird heißer und trokkener werden zur gleichen Zeit, wie sich der Meeresspiegel erhöht, die Hurrikane stärker werden, der Erdmittelpunkt sich verlagert, wenn das Eis auf den Polen schmilzt. Die aber, die am meisten vom Tode in ihrer inneren psychischen Organisation bewegt sind, verneinen die Gefahr und drosseln ihre und unsere Phantasie. So reden alle über die drohenden Gefahren, aber getan wird fast nichts.

Das weltweite Flüchtlings- und Emigrationsproblem ist ein weiterer Aspekt des Verlustes an Phantasie und der konsequenten Unfähigkeit, es zu lösen. In der Tat wird es als individuelles Problem jedes einzelnen Landes gesehen. Als Einzelproblem betrachtet, kann es aber nicht gelöst werden. Es kann nur im Rahmen der

Erkenntnis gelöst werden, daß Flüchtlinge etwas mit politischer wie auch wirtschaftlicher Ungerechtigkeit zu tun haben. Ohne eine weltweite Sicht der Lage aller Menschen wird nichts erreicht werden. Im Gegenteil, Lösungen, die an einer Fraktionierung der Sicht festhalten, tragen nur zur Steigerung der Wut, des Hasses und der allgemeinen Unterdrückung bei.

Zerstückelung der Sicht fördert die Gefahren, die gerade die Angepaßten fürchten. Jedesmal wenn die, die den Status quo verteidigen, jegliche Form bekämpfen, fördern sie ihren eigenen Untergang. Nicht den Untergang des Herrschens, aber die Ablösung der herrschenden Klasse. Indem sie Gerechtigkeit bekämpfen, fördern sie die zerstörerischen Kräfte im Lager der Reformisten. Und so passiert es, daß die Psychopathen immer wieder nach jeder Revolution nach oben kommen. Was sich ablöst, sind Individuen, nicht die »Klasse« der Psychopathen.

In dem Moment, wo eine revolutionäre Gruppe bedrängt wird, erhöht sich die Bereitschaft, in Feindbildgefügen zu denken. Und so kommen die »Realisten« nach vorne, jene, die alles nur aus der Sicht der Gewalt sehen. Und das verrückteste ist, daß die, die den Status quo verteidigen, nie gewillt sind, mit denen, die mit Vernunft Gerechtigkeit anstreben, zu verhandeln. Nur Macht macht bei ihnen Eindruck. Das ist die Sprache, die sie verstehen. Erst wenn eine revolutionäre Bewegung stark im Sinne von Macht wird (militärisch oder politisch), sind sie gewillt, mit ihr zu verhandeln. Dann aber geht es nicht mehr um Gerechtigkeit, sondern nur um neue Machtverhältnisse.

Erkenntnis ist deswegen die Grundlage unseres möglichen Wirkens. Indem wir lernen, uns in unserer gespaltenen Menschlichkeit zu akzeptieren, werden wir erstens aufhören, nach Göttern zu suchen, wo keine sind. Indem wir nicht nach Göttern suchen, nehmen wir zweitens den Psychopathen die Macht. Das bedeutet drittens, daß wir uns der Unsicherheit stellen können, ohne auf magische Rettung zu hoffen. Wenn man die eigene Verletzlichkeit anerkennt, wird man nicht dem Tod auszuweichen brauchen, weil man getan hat, was zum Leben richtig war. Nur dann werden wir menschenunwürdigen Bedingungen mit dem Gleichmut der amerikanischen Indianer entgegentreten können. Man muß den inneren Preis für das Überleben erkennen. Sonst sind wir schon im voraus von den dem Tod Verbundenen besiegt.

Und das führt viertens dazu, daß wir frei werden, uns in unserem menschlichen Anliegen zu bestätigen. Es geht nie darum, andere zu überzeugen, nur um die eigene Position. Wollten wir den Psychopathen überzeugen, merkt er, daß wir etwas von ihm wollen. Etwas, das ihm Macht über uns gibt. Wir entziehen sie ihm, wenn wir nicht mehr die Anerkennung suchen, die nur wir uns selber geben können.

Aufgaben für den Frieden

Das wichtigste ist, bei sich selbst zu sein. Ein Mensch zu sein bedeutet, seine eigene Individualität zu entwickeln. Und das ist ein Prozeß, der nie aufhört. Dieser Kampf dauert ein Leben lang, denn unsere Zivilisation begünstigt die Fragmentation, die Abspaltung und das Rollenspiel. Statt eigener Individualität versucht man in den Besitz von Macht zu kommen, um sich *ganz* zu fühlen.

Das Magazin ›The New Yorker‹[127] publizierte im April 1990 einen kurzen Leitartikel, der dies zusammenfassend darstellt: »Havel und Mandela sind augenscheinlich vollkommene Menschen, die keine Macht zur eigenen Vollständigkeit benötigen. Beide haben ein privates Schicksal, für das öffentlicher Erfolg oder Scheitern nebensächlich sind. Und beide, natürlich, sind Menschen mit Grundsätzen. Aber die Qualität, die uns wirklich aufweckt, ist ihre Individualität. Jeder von ihnen kann als wirkliche Person erkannt werden, mit der Komplexität und den Grenzen eines wahren Menschen und der Messerschärfe, die daraus entsteht, daß man Entscheidungen aus dem Inneren heraus trifft. Individualität, würde man denken, ist die Voraussetzung für einen Führer, aber in der Tat ist sie in jüngster Zeit eine Seltenheit bei den öffentlichen Personen gewesen. Totalitäre Führer sind entweder so gründlich durch die Systeme, in denen sie entstanden, verarbeitet worden, so daß keine Schärfe der Persönlichkeit in ihnen erkannt werden konnte, oder, wie in den Fällen von Ceauşescu, Stalin und Hitler, sie sind so den von Wut gefütterten Zwängen versklavt gewesen, daß sie die Antithese jeglicher Individualität präsentierten.«

Und dann leitet der Artikel zu dem Besonderen in der heutigen Zeit über, das wir erkennen müssen, um dagegen kämpfen zu können: »In letzter Zeit sind unsere eigenen Führer künstlich produziert worden durch die Marketing-Werte, die das heutige amerikanische politische Leben durchdringen. Die Individualität eines Havel oder Mandela kann Unterdrückung durch brutale Regierungen überleben, aber es ist zu bezweifeln, ob sie nach einer erfolgreichen amerikanischen Präsidentschaftskampagne erkennbar bliebe. Unser ökonomisches System hat gewonnen, aber die Werte des Marktes, die durch diesen Sieg bestätigt wurden, haben unsere politische Kultur untergraben und korrumpiert.«

Der Artikel geht weiter: »In solch einer Kultur kommt es auf das Verkaufen selber an. Der Wert wird am Verkaufen gemessen – oder, um es in politische Sprache zu übersetzen, wenn man es schafft zu gewinnen. Und aus dieser Besessenheit zu siegen kommt ein entwürdigender Zynismus – die Unterwerfung des Präsidentschaftskandidaten dem Urteilsvermögen der Imagemacher zum Beispiel und das Zurechtschneidern der politischen Position auf das, was das Volk hören möchte. Diese Verdünnung der individuellen Entscheidung, die Vormachtstellung des Verkaufs, hat die meisten westlichen Demokratien betroffen. Helmut Kohls Wortklaubereien über die Grenzen Deutschlands hatten nur die Absicht, die Stimmen jener Deutschen nicht zu verlieren, die an den Grenzen des Dritten Reiches festhalten. Was Kohl sagte, war eigentlich o.k., gerade weil er log.«

Die Werte unserer Kultur untermauern die Abgespaltenheit. Wenn wir keine Werte über die des Marktes setzen, wenn ihm erlaubt wird, Teile unseres Lebens zu beherrschen, dann wird er uns zerfressen. Und so wird die Lüge zu einem täglich erlaubten Wert, weil sie Erfolg verspricht.

Václav Havel sagte im Februar 1990 in seiner Ansprache vor dem Kongreß der Vereinigten Staaten von Amerika: »Die Rettung dieser Menschenwelt liegt nirgendwo anders als im menschlichen Herzen, in der menschlichen Macht zu reflektieren, in der menschlichen Demut und in menschlicher Verantwortung... Wir sind immer noch unfähig zu verstehen, daß das einzige Rückgrat all unserer Handlungen – sollten sie moralisch sein – in der Verantwortung liegt. Und diese Verantwortung geht über die eigene Familie, das Land, die Firma, den eigenen Erfolg hinaus.«

Echte Selbsterkenntnis führt in eine Verantwortung sich selber gegenüber. Und das bedeutet, sich dem Selbsthaß zu stellen, nicht vor den eigenen Wunden wegzulaufen, die Eltern und jede Autorität in ihrer Kraft wie auch in ihren Schwächen zu erkennen. Nur dann werden wir aus dem ewigen Teufelskreis der Umstürze herauskommen, der sonst nur eine Kirche durch eine andere ersetzt. Die Phantome der Feindbilder können nicht erschlagen werden, aber sie bleiben nur lebendig und »real«, solange die Ängste dahinter real bleiben. Der Selbsthaß, der den Menschen peinigt, kann nur reduziert werden, wenn wir uns den Wunden stellen.

Wir müssen dieser Wahrheit über uns ins Auge sehen, wo wir auch sind. Erkennen wir den Haß in uns selber, so erkennen wir ihn im anderen. Wenn wir ihn beim Namen nennen, werden ihn andere auch erkennen, und der Psychopath, der von ihm lebt, wird seine Macht verlieren. Es ist das Psychopathische, das in allen Winkeln unseres Lebens auf diese Weise erkannt werden kann. Sogar die Idee, daß man zum Beispiel im Fernsehen Fremdenhaß *neutral* diskutieren kann, daß man *neutrale* Informationen weitergeben kann, ist eine Erfindung des Denkens, abgespalten vom Gefühl. Indem Fremdenhaß, abgetrennt von unserer eigenen Verletzung als Mitmenschen, diskutiert werden kann, sind wir schon auf der Seite des Bösen.

Die Aufgabe ist, den Unterschied zwischen Liebe und Haß zu veranschaulichen. Niemals sich auf technische Argumente einzulassen, denn diese, vom Gefühl abgespalten, behindern das Mitmenschliche. Wir müssen politisch aktiv sein, Gruppierungen fördern, aber auch immer bereit sein, Gruppierungen zu verlassen, wenn sie nur noch an der Macht orientiert sind. Moralisch tätig zu sein bedeutet, frei zu sein, ungehindert von Verpflichtungen. Die Rolle der Propheten ist immer noch die gleiche – sie hält die Menschheit wach.

Wir, die wir noch im Mitgefühl verankert sind, müssen lernen, konsequent zu sein. Nicht im Sinne der Mächtigen, sondern in dem Sinn, daß wir von denen nichts mehr wollen, die nichts zu geben haben. Es ist das innere Verhängnis, die uneingestandene Not, vom Feind geliebt zu werden, die es unmöglich macht, konsequent mit dem Bösen umzugehen. Wenn diese auf unser Mitleid pochen, müssen wir ihnen nicht zeigen, daß wir sie lieben. Dahinter steht der Wunsch, daß sie uns lieben, und der wird uns zum Verhängnis, weil wir etwas von ihnen wollen. Dies ist die härteste Lehre, denn wir sind immer bereit zu glauben, daß alle Menschen Liebe fühlen können.

Aber tatsächlich gibt es solche, die so weit von sich abgetrennt sind, daß unser Wunsch nach ihrer Größe uns zum Verhängnis wird. Ihnen nicht die Macht zu geben, ihnen Liebe vorzuenthalten, *weil* wir sie nicht von ihnen erwarten, ist die Gegenkraft, mit der wir sie bezwingen können. Wenn sie nicht mehr mit unseren Erwartungen spielen können, dann haben sie ihre Macht über uns verloren, und wir können uns dem Aufbau unserer Welt widmen, anstatt dauernd ihre Verwüstungen in Ordnung zu bringen.

Die Zukunft

Wie eine Zukunft gestalten, wenn das Fundament für Liebe gestört ist? Wenn die besten unserer Kinder sich voller Empörung gegen die Erwachsenen stellen, weil diese nicht sehen wollen, wie sie die Umwelt zerstören, aber für sich selber die Liebe *nicht* in Anspruch nehmen?

Unsere Hoffnung liegt bei den Müttern. Deshalb muß den Frauen die Möglichkeit gegeben werden, nicht mehr als Besitz des Mannes betrachtet zu werden, um das Lebendige in ihren Kindern und im Leben zu fördern.

Dies zu sagen bedeutet nicht, daß das *Mutterwerden* selber zum Zwangziel gemacht werden soll. Das ist das Problem. Wir sind so von unserer Gesellschaft programmiert, daß »Gutsein« ein Teil des ganzen Wahnsinns wird. Es wird uns nämlich eingeflößt, daß das Gutsein selber wichtig ist, und so wird eine »gute« Mutter zum Ausdruck der männlichen Mythologie des Erfolges. Will jemand aus diesem Grund eine gute Mutter sein, bedeutet das, ohne Bewußtheit dem männlichen Mythos ergeben zu sein. Der bestimmt den Wert einer Frau, nicht ihr eigenes Anliegen. Kindergebären ist eine *Leistung* geworden. Das Zerstörerische in der vom Mann beherrschten Kultur dringt in alles Lebendige hinein. Und so arrangieren sich die Opfer mit dem Täter. Und Frauen, die auf diese Weise die Welt des Mannes verinnerlicht haben, obgleich sie seine Opfer sind, können noch zerstörerischer als viele dieser Männer wirken, da sie seine Ideologie unter dem Deckmantel des Weiblichen weitergeben.

Manche von uns hatten das Glück, von Müttern und Vätern erzogen zu werden, die selber ihre Autonomie bewahren oder wiederfinden konnten. Das macht Liebe ohne Besitz möglich und führt zu ihrer Weitergabe.

Dieses Ziel anzustreben muß Anliegen der Männer mehr als der Frauen werden. Aber sie müssen die Männer dazu bewegen. Allein schon danach zu streben ändert das gegenwärtige Klima und öffnet dem Neuen den Weg. Und es ist möglich, denn ein Fundament existiert in jenen Frauen und Männern, die ihren Bezug zur Liebe aufrechterhalten haben.

Ein Beispiel für das Gewahrsein der Lebendigkeit und Einzigartigkeit eines neugeborenen Babys, das Wegweiser und Hoffnung für uns darstellt, ist von Helen Thomas in ihrem Buch ›As it was‹ beschrieben.[128] Es ist nur ein einzelnes Beispiel, aber daß es dies gibt, ist alles, was wir wirklich brauchen, um uns an das zu halten, worum es wirklich geht, an die Vision, wie es sein kann, um uns aus der gegenwärtigen Sackgasse herauszubringen. Dies als Utopie zu bezeichnen ist genau der Zynismus, der die einzige Sicht versperrt, die zu den *Gefühlen* hinführt, die wirkliche Bewegung in unserem Sein erzeugen können.

Sie schreibt: »Der Schmerz war heftig und kam in kürzeren Abständen. Ich war aber voller rastloser Energie... Ich wollte alleine sein mit diesem Jubel von Schmerz. Meine Seele sang im Triumph *nach jeder Wehe,* aber mein Körper selber war wie ein totes Gewicht. Ich wußte nur, daß mein Kind und ich miteinander rangen, um sein Geborenwerden zu fördern. Es konnte nicht mehr in seine ruhige Dunkelheit zurückkehren. Alles hatte sich geändert. Es hatte seine gefährliche Reise ins Leben hinein begonnen – und ich mußte helfen, diese zu beschleunigen; mit der ganzen Kraft meines Körpers und mit der ganzen Kraft meines Verlangens preßte ich es nach vorn, dem Licht entgegen, dahin, wo seine Seele wartete – ich dachte dies nicht deutlich, nahm es nur verschwommen wahr... Mein Kind und ich waren dabei, uns voneinander zu befreien. Dieses seltsame, geheimnisvolle Band mußte zerschnitten werden. Es mußte es selbst werden, getrennt von mir, und ich mußte es der Menschheit übergeben... Plötzlich kommt die Wirklichkeit des Lebens und alles, was uns voneinander trennen wird, auf mich zu, und ich halte es fest. Ich möchte, daß er immer noch ganz mir gehört..., da erkenne ich, daß dieses Band zwischen uns unvergänglich ist. Ich bin für immer seine Mutter und er mein Sohn.«

Hier haben wir die Elemente dessen, was ein wahres Selbst im

Kind fördert: das liebevolle Erkennen der Einheit von Mutter und Kind, gleichzeitig aber der Respekt vor der Besonderheit dieses neuen Lebens, das sich da im Kind entwickelt. Es ist ein Miteinandersein, eine Liebe ohne Besitzergreifen. Nur das führt zu Menschen, deren Wohlsein nicht auf der Unterdrückung ihrer Mitmenschen basiert.

In solch einer Mutter-Kind-Beziehung liegt Hoffnung für den Frieden. Liebe ohne Besitzanspruch führt zu der einzigen Kraft, die nicht vor der Verletzbarkeit und Hilflosigkeit des Menschen zurückschrecken muß. Nur wenn wir unsere Verletzbarkeit und Hilflosigkeit als zum Leben gehörend annehmen, anstatt sie zu kompensieren, wird Liebe, also Frieden sein.

Über den Gehorsam
Nachtrag zur Taschenbuchausgabe

George Santayana, der Dichter und Philosoph, schrieb einmal, daß, wer seine eigene Geschichte nicht kennt, dazu verurteilt ist, diese dauernd zu wiederholen.

Warum werden wir aber gerade in der heutigen Zeit, mit ihrer Fülle von Informationen, wissenschaftlichen Erkenntnissen in der geschichtlichen und psychologischen Forschung, wieder einmal von Krieg, Zerstörung, Haß und Feindseligkeiten eingeholt? Kriege im Nahen Osten, Bruderstreit im Balkan, in Rußland, Afrika, Südamerika, wo man auch hinsieht: Folter, Mord, Gewalttätigkeit, Drogenkonsum, Kriminalität, Verachtung Frauen und Kindern gegenüber, Verrohung und Grausamkeit nehmen zu. Der Vergleich mit dem Zerfall früherer Gesellschaften und Zivilisationen, wie dem des römischen Weltimperiums, drängt sich immer mehr auf.

Wie schon oft sind die Friedfertigen paralysiert. Denn wie früher führen wir Kriege und üben Gewalt unter dem Deckmantel von Werten aus, die sie angeblich rechtfertigen. Und so töten wir im Namen einer Gerechtigkeit, die keine ist, die Unterdrücker, oder besser gesagt: jene, die wir als solche identifizieren.

Warum also lernen wir nichts aus der Geschichte? Liegt es vielleicht daran, daß das, was uns als unsere Geschichte vor Augen gehalten wird, wenig mit den wirklichen Vorgängen sowohl von heute als auch von gestern zu tun hat? Sind wir zur wiederholten Selbstzerstörung verurteilt, weil die geschichtlichen Erklärungen die wahren Ursprünge unseres zerstörerischen Tuns verdecken?

Es stimmt: Kriege und Gewalt können oft durch Unterdrückung ausgelöst werden. Schauen wir jedoch genauer hin, sehen wir, daß dieser Kampf für viele ein Kampf ist, durch den sie sich von alten Autoritätshörigkeiten lösen, um sich neuen zu unterwerfen. Dies ist in seinen Wirkungen nicht viel anders, als es Heinrich von Kleist in seiner Erzählung ›Michael Kohlhaas‹ beschreibt. Kohlhaas' Rechtsgefühl macht ihn zum Räuber und Mörder. Dieser Mann, der dem Unrecht seine Stirn bot, wurde am Ende genau wie der Aggressor, der Unterdrücker, den er bekämpfen wollte.

Hier scheint mir der Kern der Sache zu liegen, warum der Mensch nicht aus seiner Geschichte lernen kann: Das, wovon wir glauben, daß es uns antreibt und mit dem sich die Geschichtsforschung beschäftigt, deckt sich nicht mit den eigentlichen Vorgängen, die uns treiben. Solange aber geschichtliche Erklärungen die Ursprünge unseres zerstörerischen Wirkens verdecken, sind wir außerstande, unsere Selbstzerstörung in den Griff zu bekommen. Und heute, wenn die zerstörerischen Mittel in unseren Händen so gewaltig sind, wenn allein der Konsum dabei ist, unsere Welt zu vergiften und zu ersticken, droht uns der Abbruch des Lebens selber.

Was ist es also, das das Ringen um Gerechtigkeit in gewalttätige Zerstörung hinein pervertiert? Warum enden revoltierende Menschen damit, daß sie sich selbst und andere wieder unterdrücken? Wie Henry Miller, selbst ein großer Rebell, es formulierte, führt Rebellion nur dazu, »eine Kirche zu stürzen, um eine andere aufstehen zu lassen«.

Es ist uns allen klar, daß wir in einer Zeit großer Bedrohung leben. Viele fürchten die Arbeitslosigkeit; die etablierten Werte, welche die Beziehungen zwischen den Generationen, zwischen Frauen und Männern, zwischen Stadt und Land, zwischen Eltern und Kindern, Tier und Natur regulieren, sind dabei auseinanderzufallen.

Die Desintegration zentraler Machtstrukturen nicht nur in Rußland und Jugoslawien, sondern auch in der früheren DDR und in allen Ländern, die einen Zerfall gesellschaftlicher Werte aufweisen, verunsichert alle jene, die solche äußeren Strukturen für den Zusammenhang ihrer eigenen Persönlichkeit benötigen. Es ist ein schreckliches Paradoxon, daß gerade die Auflösung von Gehorsamkeitsstrukturen, die Freiheit, Kreativität und Spontaneität fördert, jene unter uns bedroht, die mehr als andere für ihren Persönlichkeitszusammenhang autoritäre Strukturen benötigen. Aus diesem Grund wird jede Gesellschaft, die mehr Demokratie anstrebt, in ihrer Existenz bedroht, wenn sie den Gehorsam als Leitmotiv der Sozialisierung unterstützt. Die Freiheit, oder besser gesagt das Freisein, das die Gehorsamen bedroht, wird daher bei jeglicher Expansion der Freiheit eine Gegenreaktion hervorrufen. Die Folgen, wie in Rußland, sind verheerend. Die Zugehörigkeit zu einer gemeinsamen Sprache und Alltagskultur gibt solchen Menschen dann das Gefühl der Sicherheit innerhalb einer Welt der Unklarheit und Zweifel.

Wir können zum Beispiel in Jugoslawien und in der früheren Sowjetunion beobachten, daß Menschen sich in ihrem Sein, in ihrer »Freiheit« bedroht fühlen. Ihre Freiheit ist in der Tat bedroht. Aber sie glauben, für diese zu kämpfen, indem sie für eine »höhere« Identität kämpfen, nämlich die der ethnischen und linguistischen Homogenität. Daraus glauben sie ein eigenes Selbstwertgefühl ableiten zu können. Diese Sicht wird sowohl in der gängigen Geschichtsforschung wie auch in der Psychologie und Soziologie im allgemeinen geteilt, indem das Erringen von nationaler Identität mit dem Erreichen eines eigenen Selbstwertes und mit der Festigkeit wirklicher, persönlicher Identität gleichgesetzt wird.

Die so abgeleiteten Werte sind jedoch im Grunde halluzinatorisch. Der englische Historiker Eric Hobsbawm schrieb: »Mit Ausnahme einiger Insel-Ministaaten gibt es wohl nicht mehr als ein Dutzend ethnisch und linguistisch homogene Staaten unter den etwa hundertsiebzig politischen Einheiten auf der Welt. Wahrscheinlich gibt es keine solchen Einheiten, die die Ganzheit einer Nation beinhalten; diese beanspruchen sie aber zu verkörpern. Die territoriale Verteilung der menschlichen Rasse ist älter als die Idee eines ethnisch-linguistischen Nationalstaates. Deswegen stimmt beides auch nicht überein. Die Entwicklung der modernen Weltökonomie untergräbt andauernd irgendeine ethnisch-linguistische Homogenität, da sie riesige Bevölkerungsbewegungen verursacht. Multiethnizität und eine Vielzahl von Sprachen sind nicht zu vermeiden – außer, und auch dann nur vorübergehend, durch Massenausschluß, Zwangsassimilation, Massenvertreibung oder Genozid – kurz: durch Gewalt.«[129]

Aber das Phänomen des Nationalismus läßt erkennen, daß ein wahres Problem existiert, nämlich eine Leere im Selbst vieler Menschen. Der Nationalismus ist ein verzweifelter Versuch, diese Leere durch Symbolik und symbolische Taten zu füllen, ohne sich dieser Leere und ihren Quellen stellen zu müssen.

Diese Leere ist ein Bestandteil aller Menschen überall da, wo sie sich einer halluzinierten Liebe verschreiben mußten, um am Leben zu bleiben. Das Problem, wohl einzigartig unter allen Tierarten, ist unser Sozialisierungsprozeß.

Hier muß ich ausschweifen und etwas wiederholen, um das Problem der Identifikation mit dem Aggressor in seiner politischen Bedeutung zu differenzieren. In dem Ausmaß, in dem unser Sozialisierungsprozeß von Gehorsam bestimmt ist, können Menschen erzogen werden, sich *nicht* für ihre eigene Lebendigkeit zu lieben. Statt dessen lernen sie, sich für korrekte Ausführungen von Verhaltensrollen zu lieben. Indem sie dadurch ihre eigene Fähigkeit auf empathische Art wahrzunehmen verlieren, verlieren sie auch die Fähigkeit, den Schmerz und das Leid anderer nachzuempfinden.

Überall da, wo diese Entwicklung eintritt, wird Gewalttätigkeit und Destruktivität zum Ausdruck kommen, wenn die Wertstrukturen einer dem Gehorsam ergebenen Gesellschaft auseinanderfallen. Gewalt und Destruktivität sind Beweise, wie auch die Folgen des Gehorsams. Gehorsam erzeugt Haß. Es ist der Haß auf das eigene Selbst, das verworfen werden mußte, weil es als ungenügend empfunden wurde, um sich dem Willen des Gehorsam-Verlangenden (den Eltern) zu beugen. Indem das Verwerfen des eigenen Selbst des Kindes zum Kern seiner Entwicklung gemacht wird, wird der Haß zum Zentrum (bewußt oder unbewußt) des Seins.

Dieser Haß bleibt einigermaßen unter Kontrolle, solange der Gehorsam seine gesellschaftliche Bedeutung durch Arbeit, durch Status, durch ein Glauben an die Autoritäten (die Staatsgewalt), denen sie/er sich unterworfen hat, aufrechterhalten kann. In dem Moment, wo aber solch ein Mensch verunsichert wird, bricht der latente Haß hervor. Sie/er muß jetzt jemanden suchen, der ihr/ihm eine neue »Identität« verspricht, das heißt, die alte, aber in neuer Form: Die Identifizierung mit einem Unterdrücker. Diese Identifizierung wird mit Identität gleichgesetzt. Das ist eine semantische Verdrehung. Echte Identität entwickelt sich nur durch Eigenverantwortung für das Selbst. Identität auf der Basis von Identifikation dagegen führt immer zu dem, was alle Kriegsverbrecher in Nürnberg behaupteten: Ihre Taten seien nicht ihre Schuld, sondern die des »Führers«, mit dem sie sich identifizierten.

Was uns heute heimsucht, gab es auch schon früher: Nicht nur fallen autoritäre gesellschaftliche Strukturen auseinander, zudem sind die Menschen, die am tiefsten von den gesellschaftlichen autoritären Strukturen geformt wurden, diejenigen, deren Schicksal es ist, von Haß und Destruktivität am meisten erfüllt zu sein.

Das Verheerende ist, daß Unterdrückung und Unrecht Revolte schüren. Aber immer wieder und auf allen Ebenen des gesellschaftlichen Lebens transformiert sich diese Revolte dann in eine institutionalisierte Jagd auf Opfer, aber nicht auf die wahren Täter, die die

Unterdrückung und das Unrecht stifteten. Was hier vor sich geht, basiert auf dem Zusammenspiel zwischen den zum Gehorsam erzogenen Menschen und jenen politischen Führern, deren Ziel nur die Macht, aber nie Gerechtigkeit oder verantwortungsvolles Handeln ist.

Das Verhängnisvolle unserer Entwicklung liegt darin, daß der Gehorsam ein Beitreten, eine Identifizierung mit demjenigen, der Gehorsam verlangt, mit sich bringt. Dies wird zur Gefahr für jede demokratische Gesellschaft. Gehorsam ist immer Unterwerfung unter den Willen eines anderen, weil er Macht über einen hat. Wenn ein Kind von demjenigen, der es schützen sollte, körperlich und/oder seelisch überwältigt wird, und wenn es zu niemandem fliehen kann, wird es von einer überwältigenden Angst heimgesucht. Eine Todesangst, denn die Macht der Eltern kann das seelische Sein ihres Kindes in seiner autonomen Wahrnehmungs- und Reaktionsfähigkeit auslöschen.[130] Für den kleinen, werdenden Erwachsenen bleibt dann nur noch die Möglichkeit eines Manövers, um die Angst, mit der keiner leben kann, in den Griff zu bekommen. Diese Angst ist so enorm, so paralysierend, daß sie beiseite geschoben, abgespalten werden muß – nicht nur verdrängt. Abspaltung bedeutet eine Absonderung von Teilen der Psyche, die einem Menschen zur Gefahr wurden, so daß sie dann nur in Isolation weiterbestehen können.

Um diese Angst, wie auch den mit ihr verbundenen Schmerz von sich weghalten zu können, geschieht etwas Außerordentliches. Das Kind fängt an, seine Unterdrücker, den Aggressor, zu idealisieren, ihn zum Objekt seiner Identifikation zu machen. Auch Erwachsene können diesen Vorgang unter den Bedingungen einer Gefangenschaft und der Folter wiederholen.

Anna Freud hat 1936 diesen Vorgang der Identifikation mit dem Aggressor verdeutlicht.[131] Es war jedoch Sandor Ferenczi, der im Jahr 1932 dies nicht nur beschrieb, sondern auch die Verankerungen dieses Vorgangs in einem gesellschaftlichen Umfeld, das es den Eltern erlaubt, die Abhängigkeit ihrer Kinder für eigene Selbstwertzwecke auszunützen, klarmachte. Er zeigte, wie Kinder, wenn sie elterlicher Gewalt ausgesetzt sind, paralysiert werden. »Kinder fühlen sich körperlich und moralisch hilflos, ihre Persönlichkeit ist noch zu wenig konsolidiert, um auch nur in Gedanken protestieren zu können, die überwältigende Kraft und Autorität des Erwachsenen macht sie stumm, ja beraubt sie oft der Sinne. *Doch dieselbe Angst, wenn sie einen Höhepunkt erreicht, zwingt sie automatisch, sich dem Willen des Angreifers unterzuordnen, jede seiner Wunschregungen zu erraten und zu befolgen, sich selbst ganz vergessend, sich mit dem Angreifer vollauf zu identifizieren.*« Mit solch einem Vorgang entwickelt sich ein Kind mit gebrochenem Vertrauen zur Aussage der eigenen Sinne.[132]

Noch etwas Grundlegendes für jegliche dem Gehorsam ergebene Kultur geschieht während dieses Vorgangs. Ferenczi beschreibt nämlich, wie die ängstliche Identifizierung mit dem Erwachsenen im Seelenleben des Kindes auch Schuldgefühle hervorruft. Das Kind introjiziert die Schuldgefühle des Erwachsenen. Durch die Identifikation übernimmt das Kind, was der Erwachsene sich selbst nicht wissen läßt. Zusätzlich jedoch – ich habe es in diesem Buch schon beschrieben – muß erkannt werden, daß ein Kind durch das Sich-selber-schuldig-Finden, diese introjizierte Schuld untermauert und aufrechterhält. Indem es glaubt, die Ursachen für die ungenügende Liebe, die ihm entgegenkommt, in sich selber zu finden, bleibt die Hoffnung aufrechterhalten, *wahre* Liebe einmal zurückerobern zu können. Damit bleibt aber eine ewige Schuld für jegliche Regung, sich nicht dem Aggressor anzupassen, wie auch der Glaube, daß dieser wirklich die Liebe besitzt, die das Kind (und der spätere Erwachsene) benötigt.

Das Resultat ist ein Persönlichkeitsgefüge, das innere Regungen zur Freiheit mit Ungehorsam gegenüber der Macht, von der man Anerkennung und Lob möchte, gleichsetzt. Gleichzeitig wird alles gehaßt, was die dahintersteckende Angst und damit die wahre Ursache des wahren Leidens aufdecken könnte. Aus diesem Grund müssen Menschen mit einer solchen Entwicklungsgeschichte alles, was zur Wahrheit, wie auch zu wirklicher Liebe führen könnte, nicht nur hassen, sondern auch zerstören.

In Zeiten, wie gerade heute, wenn das gesellschaftliche Gefüge droht auseinanderzufallen, wenn, wie erwähnt, Arbeit, Wohlstand, Beziehungen zwischen den Generationen, zur Natur, zum Ablauf gesellschaftlicher Bedingungen, nicht mehr in gesicherten Abständen erlebt werden können, wenn der Glaube an die gegebenen Machtstrukturen nicht mehr aufrechterhalten werden kann, dann müssen solche Menschen eine neue Unterwerfung suchen. Dies wird im Namen der Freiheit getan. Diese aber ist es, die diese Menschen bedroht. Und so sind wir alle plötzlich von irrationalem Haß und Gewalt umgeben. Wir glauben nur nicht, daß dies schon immer latent in vielen Menschen lauerte.

Dieser Haß ist das Umfeld, in dem Politiker – groß und klein – operieren. Es sind nicht die Friedfertigen, die dieses Feld bestimmen, sondern nur die anderen (wie im Prolog des Buches erörtert, wohl nie viel mehr als sechzehn Prozent der Bevölkerung), die von einer unheimlichen inneren Angst getrieben sind, die sie nicht erkennen dürfen. Sie wühlen alles auf und rufen Ausbrüche von Haß und Gewalt hervor. Politiker und andere Menschen, die diese Erscheinungen mißverstehen und als »berechtigt« einstufen, können diesem Wahn nicht entgegentreten. Im Gegenteil, sie versuchen, ihn zu ihren eigenen Gunsten auszunützen, ihn zu manipulieren. Aus diesen Gründen werden jene zu politischen Siegern, die am wenigsten an ihre Menschlichkeit gebunden sind. Sie werden am erfolgreichsten diesen Haß und die dahinterliegende Angst zu ihren eigenen Machtzwecken mißbrauchen. Je mehr sie echte Liebe und Menschlichkeit unterdrücken können, je größer ihre Verachtung für das Wohlergehen der Menschen ist, desto erfolgreicher werden sie sein, denn die Todesangst der Auseinanderfallenden kreist ja um das eigene, verdrängte und verachtete Bedürfnis nach echter Liebe. Durch die Identifikation mit dem Aggressor verinnerlicht man nicht nur seine Verachtung für die eigenen Bedürfnisse nach Wärme, Zärtlichkeit und Zuwendung, sondern verachtet auch, was man selbst am meisten benötigt. Je mehr solche Menschen in einem Politiker Verachtung für ihre eigene Not spüren, desto mehr wird er/sie von ihrer Schuld und Angst erlösen, solche Bedürfnisse zu haben.

Sogar bei der Wortwahl wird der Haß gegen alles Menschliche oft verneint. Indem wir zum Beispiel von »Fremdenhaß« sprechen, anstatt von Haß gegen Menschen, weichen wir ihm schon aus. Die Bezeichnung »Fremdenhaß« verlegt schon seine Ursache in etwas Äußerliches – weniger Fremde, weniger Haß. Dadurch wird der eigentliche Tatbestand, daß in jenen, die zum Hassen immer bereit sind, der Haß schon vor dem Fremden da war, verschleiert.

Haß als einen inneren Vorgang zu erkennen, rüttelt uns auf, denn wir alle müßten zugeben, daß wir aus *inneren* Bedürfnissen heraus hassen können. Das aber würde die Spaltung unserer Seele, mit der wir uns vor einem seelischen Untergang bewahren, auflösen, uns mit der alten Todesangst, wie auch der Wahrheit dahinter, konfrontieren. Das können wir nicht, solange die »Lösung«, die Identifikation mit dem Aggressor, unser Ausweg bleibt. Zusätzlich belastet uns die Wahrheit auch mit Schuld, denn wir spüren in wirklicher Freiheit einen unerlaubten Ungehorsam. Und so sehen wir im aufsteigenden Haß nur seine äußeren Anlässe: Die Unsicherheit und Aussichtslosigkeit, die uns in der Tat umringt.

Um diese irrationale gesellschaftliche Entgleisung des Hasses unter Kontrolle zu bringen, müssen wir etwas differenzieren. Es gibt nämlich im Menschen zwei ganz verschiedene Arten des Hasses: den direkten und den abgeleiteten.[133] Beide Arten haben eine gemeinsame Quelle im Verletztsein. Wenn wir gedemütigt und in unserem Sein verletzt werden, steigt Aggression gegen den Aggressor in uns auf. Dadurch entwickelt sich der Haß gegen den, der uns unterdrücken und beherrschen möchte, gegen seine Aggression. Was aber durch die Identifikation mit dem Aggressor geschieht, durch die Todesangst, die uns als Kinder bedrohen kann, ist eine Verschiebung des Hasses. Als einzige Tierart verschieben wir die Richtung unseres Hasses. Anstatt ihn gegen den Aggressor und Unterdrücker zu richten, richten wir ihn gegen andere Opfer.

Als Folge der Angst und des Schmerzes einer unzureichenden Kindheit verbünden wir uns mit denen, die uns mit ungenügender Liebe entgegenkamen. So fängt das Schreckliche an: Wir lieben, was wir eigentlich hassen, und hassen, was Liebe und Mitgefühl erwecken könnte. Erinnern wir uns: Wie oft liefen wir kalten Frauen oder Männern nach, weil ihre »Liebe« uns so herrlich erschien, während wir jene, die uns mit Wärme und Zuneigung entgegenkamen, als langweilig oder sogar schwach abtaten.

Dies führt zu einem anderen Paradoxon: Jene, für die Angst und Schmerz untragbar wurden, stufen sich im Grunde als schwach ein, denn nur der Unterdrücker, der ja idealisiert wurde, um Angst zu vermeiden, ist stark. Das, was diesen Menschen die Möglichkeit zum Überleben gab, die Identifizierung mit dem Aggressor, wird so zu einem doppelten Verhängnis. Sie fühlen sich schuldig und hassen sich für eine Schwäche, die keine ist. Denn sie entspricht der Hilflosigkeit und der Abhängigkeit eines jeden Kindes, wenn es auf diese Art mißbraucht wird. Nur: Diese Hilflosigkeit kann nicht akzeptiert werden, denn damit würde der Aggressor entlarvt und die Urangst wieder aufsteigen.

Um aber mit diesem Haß leben zu können, müssen solche Menschen andere »Schwache« finden, auf die dieser Haß übertragen werden kann. *Das* ist die Situation derer, die von politischen und ökonomischen Umwälzungen in ihrem Selbstgefüge verunsichert, deswegen in ihrem Schwächegefühl noch mehr getroffen, dann um so mehr befreit sind, den inneren lauernden Haß auf andere zu projizieren.

Das ist auch die Situation derer, die heute, am Ende des 20. Jahrhunderts, vom Zerfall der kommunistischen Machtideologien betroffen sind und ihren Glauben an eine Autorität, die ihnen einen äußeren Zusammenhalt bot, verloren haben. Das zeigt nun wiederum, daß es gar nicht um den Zerfall von menschlichen Zielen und Werten ging, sondern allein um autoritäres Machtgehabe. Die vermeintliche Auseinandersetzung zwischen demokratischen und kommunistischen Ideologien, zwischen kapitalistischem und marxistischem ökonomischem Gedankengut, verhüllte, daß es in der Sowjetunion, genau wie in den kapitalistischen Ländern, um das Aufrechterhalten eines Machtgefüges ging. Beide Seiten waren einander in einer Weise besonders ähnlich: Es war dieselbe Art von Menschen, die in jedem System am erfolgreichsten war. Beide Systeme förderten den Typ des Menschen, der am meisten von seiner Menschlichkeit getrennt, am erfolgreichsten sein konnte. Der »neue Mensch« des kommunistischen Machtbereichs und der erfolgreiche Manager oder Politiker der kapitalistischen Hegemonie ähneln einander viel mehr, als man es wahrhaben wollte. Derjenige, der heute in Rußland am erfolgreichsten ist, ist ja derselbe, der innerhalb des früheren Systems schon emporstieg.[136] Leider hat die Gleichstellung des kommunistischen Machtsystems mit Menschenwerten dazu geführt, daß jetzt auch die Ideale der Menschlichkeit in Frage gestellt werden.

Aber zurück zum Haß. Das eigentliche Problem, dem wir uns stellen müssen, um ihn in den Griff zu bekommen, ist zu erkennen, daß die Bereitschaft, den Haß auf andere abzuwälzen, schon vor den politischen und ökonomischen Verunsicherungen existierte, die uns heute heimsuchen. Sie sind der Anlaß zum Ausarten des Hasses in Gewalttätigkeiten, aber nicht sein Ursprung. Erst dann, wenn der Glaube an ein System verschwindet, ist es soweit, daß ökonomischer und physikalischer Zerfall zum scheinbaren Auslöser werden. (Man sollte sich etwa an die ökonomische Situation und den Zerfall der Lebensbedingungen in den letzten Hitler-Jahren erinnern. Dies allein führte bemerkenswerterweise zu keiner Verunsicherung, solange der Glaube an die regierende Autorität Bestand hatte.)

Ich muß aber nochmals betonen, daß die Verschiebung des Hasses in einen Haß gegen die, die man als schwach empfindet, nur von einer relativ kleinen Gruppierung innerhalb der Bevölkerung ausgeht. Jedoch kann diese unter dem Druck einer generellen Verunsicherung viele mit diesem Haß infizieren. Erstens, weil viele von uns vom Gehorsam befallen sind, und zweitens, weil wir alle einmal gehaßt haben. Wir können den Haß aber nicht differenzieren, da wahrscheinlich die meisten von uns ihn in Beziehung zu wahren Aggressoren erlebt haben. So glauben wir nach einer Weile, daß die von Eigenhaß erfüllten Menschen auch einen echten Grund haben müssen, (wie wir) einen anderen Menschen zu hassen.

Damit Demokratie existieren kann, muß der Einfluß dieser Haßerfüllten zurückgedrängt werden. Wir müssen lernen, daß es Menschen gibt, die das im anderen hassen, was sie selber in sich zu fürchten gelernt haben, nämlich ihr eigenes Bedürfnis nach echter Liebe und nach Wahrheit. Es muß verbreitet werden, daß es Menschen gibt, die sich dafür verachten und uns und sich selber Stärke durch Gewaltanwendung versprechen.

Die resultierende Destruktivität dieser durch Nicht-Liebe Geformten ist heute rings um uns. Sie hat viele Erscheinungsformen, nicht nur die Ausländerfeindlichkeit. Sie war schon lange im Kommen, wie die allgemeine Erhöhung der Zerstörungswut und der Kriminalität es seit Jahren belegt. Die tödlichen Krawalle überall auf der Welt bei Fußballspielen sind nur ein Ausdruck dieser Krankheit. Die Täter sind eigentlich Opfer, Opfer einer Ideologie männlicher Stärke, die aus der Lieblosigkeit erwächst. Sie dienen jedoch dieser Ideologie, indem sie Macht und Gewalt zu ihrem eigenen Ideal erheben. Ihre Handlungen geben sich den Anschein von Rebellion, aber im Grunde sind sie der Macht ergeben und deswegen konform mit dem Diktat der Autorität. Es ist die Macht des Aggressors, mit der sie sich identifizieren und die sie idealisieren.

Darin liegt auch die Verbindung des Hasses zum Rechtsextremismus. Auch für diesen rettet Gewalttätigkeit die Identität, genauso ersetzt Gehorsam zur Autorität das eigenverantwortliche Wirken und Handeln. Angesichts des Extremismus und seiner Neigung zur Revolte mag sich das für manche wie ein Widerspruch anhören. Dies relativiert sich jedoch, wenn wir im Auge behalten, daß diese Revolte der Wiederherstellung von autoritären Strukturen dient – und nicht der Freiheit. Die Suche ist eine Suche nach Unterwerfung, um sich der Verantwortung für sein eigenes Sein und Selbst zu entziehen. Es ist eine Suche nach autoritären Führern, die ihnen jene Feindbilder liefern, mit denen sie sich ihres Selbsthasses entledigen können.

Und diese Führer? Auch sie sind dem Gehorsam verbunden. Auch sie haben den Besitzanspruch ihrer sie mißhandelnden Eltern introjiziert. Jedoch unterscheiden sie sich von ihren Anhängern durch die Abwesenheit von Schuld- und Schamgefühlen. Sie mögen davon *sprechen,* aber *fühlen* tun sie diese nicht. Deswegen, unbehindert von Menschlichkeit, von Sympathie und Empathie, ist *alles* für sie machbar, ist ihnen alles möglich. Ihnen geht es nie um den Zusammenhang der Dinge. Daß die Welt dabei ist, sich ökologisch zu zerstören, bewegt sie nicht, nur ob ökologische Kräfte Macht haben. Dann wird ihnen entgegengewirkt, pro oder kontra, je nach den politischen Machtverhältnissen. Aber um den inneren Wert der Dinge kümmern sie sich nicht. Für sie existiert dieser Wert auch nicht, denn was sie im Grunde von ihrem Leben gelernt haben, ist die Heuchelei. Für sie existiert keine Wahrheit, nur das Übertrumpfen selber, nur der Triumph gibt ihrem Leben Sinn. Es sind die Erwartungen anderer Menschen, zuerst die ihrer Eltern, auf die sie pfeifen, mit denen sie aus Rache spielen, aber nur, wenn man sie nicht dabei ertappen kann. Sonst lächeln sie beflissen.

Wie alle durch den Gehorsam erzogen, sind sie der Aufrechterhaltung der Lüge um die Liebe verpflichtet. Auch sie halten das Image des Aggressors hoch, aber mit einem großen Unterschied. Sie identifizieren sich nicht mit dem Image, um es zu idealisieren, sondern um den Aggressor zu ersetzen. Ihre Rache gegen die Nicht-Liebe, die sie erlitten, ist der Versuch, alle zum Narren zu halten, aber mit tödlichen Folgen.

Sie verachten sich und alle für die Unterwerfung während ihrer Kindheit, aber ihre Rache ist eine Rache gegen echte Gefühle. Für sie sind alle zur Schau getragenen Gefühle unecht. Im Gegensatz zum Schizophrenen beharren und bestehen sie auf beidem: Verachtung für jegliche menschliche Regung der Liebe und daß ihre Destruktivität als Liebe angenommen werden muß.

Sie sind darin geübt, ihre Motivation durch Ablenkung zu tarnen. Ihr Triumph ist es, wenn sie andere durch das Erwecken von Feindbildern mit sich reißen.

Aber ihre Rache gilt allen Erwartungen, egal, ob sie von Feinden oder Anhängern kommen. Und so zerstören sie immer wieder alles, selbst die Strukturen, die ihnen ihre Legitimation geben. Sie verlangen Gehorsam, hören aber auf, ihre Versprechen einzulösen, wenn sie glauben, daß niemand es merkt. Sie sind die ersten, die gesellschaftliche Strukturen schwächen, die den Menschen ein Gefühl der Sicherheit geben (soziale Fürsorge, Sicherheit vor Arbeitslosigkeit). Sie kürzen den Sozialhaushalt, die Fürsorge, die Mittel für den öffentlichen Verkehr, die Unterstützung von Beschäftigungsprogrammen (mit Ausnahme der Mittel für die Armeen und die Rüstungsprogramme), also alles das, was den Gehorsam erlaubt, ihren lauernden Haß zurückzuhalten. Am Ende ist es solchen Führern egal, daß alles zugrunde geht. Wie ich es für Nixon und andere ausführte, ist es das Zerstören selbst, das ihnen ein Gefühl des Lebendigseins gibt. Das beinhaltet auch noch die Selbstzerstörung.

Sie haben den Anschein eines Wesens ohne inneren Zweifel, weil sie dem Tod gewidmet sind. Sie haben sehr früh gelernt, daß Schuld auf andere abgewälzt werden kann. Sie verkörpern die schlimmsten Eigenschaften ihrer Eltern, die in jenen Momenten auftraten, wenn diese aus eigener Unzulänglichkeit versuchten, sie schuldig zu machen. Indem sie dies weitergeben, bringen sie uns in die Ursituation unserer eigenen Kindheit zurück und damit in die Hilflosigkeit. So werden wir Wachs in den Händen jener, die uns verachten und vergewaltigen. Was tun?

Der Haß ist in unseren Kulturen, deren Zusammenhalt auf Gehorsam basiert, ein wesentlicher Beweggrund. Diese Erkenntnis bringt uns in die Lage, diesen Affekt zu akzeptieren, ohne seine begleitenden Handlungen zu billigen.

Wir wollen den Haß nicht, aber der Affekt geht dadurch nicht weg, er wird nur unterdrückt. Indem wir ihn als berechtigt annehmen – insofern es um aggressive Wut gegen die *ursprünglichen* Aggressoren geht (Eltern, Erzieher, Schule, Staat etc.), sind wir in der Lage, ihn zu diesen vergessenen und abgespaltenen Objekten zurückzuführen. Es ist die Umsteuerung des vom eigentlichen Zielobjekt abgelenkten Hasses, die unser Ziel ist, nicht seine Unterdrückung.

In den Arbeiten von Monika Nienstedt und Arnim Westermann zur Sozialisation von traumatisierten Kindern[135] wird deutlich gemacht, wie dies geschehen kann: Wenn der Haß der Kinder auf ihre wirklichen Eltern als berechtigt von anderen, den Kindern wichtigen Erwachsenen, angenommen und anerkannt wird, wird es diesen Kindern möglich, sich ihrer verleugneten Angst und Schmerz zu stellen. Diese Kinder, die haßerfüllt und in ihrer Gewalttätigkeit gegen andere unsteuerbar waren, fingen dann an, sich zu ändern. Sie mußten erst den Haß auf ihre Eltern neu entdekken. Dies zeigt uns, daß die Haßerfüllten, die unsere Gesellschaft so belasten, im Grunde nicht mehr wissen, wen sie hassen. Aber sie sind im Gegensatz zu diesen Kindern älter und in Gruppen organisiert, die ihre Verachtung und ihre falsche Identität konsolidieren. Das bedeutet allerdings nur, daß man dies bedenken muß, es heißt nicht, Kompromisse einzugehen, die nur weiter die Lüge über die Wahrheit und das Zerstörerische fördern.

Konsequenter Umgang mit ihnen heißt deswegen zwei Dinge zu tun: Den Affekt so zu akzeptieren, daß er zu seiner Urquelle zurückgeführt werden kann und sich gleichzeitig seiner begleitenden Gewalttätigkeit ohne Zögern und mit aller Autorität zu widersetzen. Den Brandbomben gegen Frauen und Kinder, gegen Wehrlose und gegen Schwache muß der Staat mit aller Entschlossenheit entgegentreten. Erst dann werden die Gewalttätigen haltmachen. Nur wenn Politiker die Rolle des Hasses unterschätzen, ihn sogar legitimieren, kommt die Demokratie in Gefahr. Es stimmt auch nicht, daß der Haß, der die Opfer zu seinem Ziel macht, durch Abreaktion gemildert werden könnte. Im Gegenteil, jede einzelne zerstörerische Handlung erhöht die Zerstörungswut solcher Menschen. Nur durch noch mehr Zerstörung können sie ihre Schuldgefühle unterdrücken. Dies ist ein zusätzlicher Aspekt, warum die politischen Denkschablonen, die diesen Haß verniedlichen und ihn als Ausdruck von zum Beispiel jugendlichem Übermut sehen wollen, in der Tat Destruktivität fördern.

In Analogie zu den Forschungsergebnissen von Nienstedt und Westermann müssen jene mit politischer Verantwortung und Autorität stellvertretend die Schuld und Verantwortung der Eltern und Erzieher übernehmen. Es bedarf eines Bekenntnisses, bevor es zu spät ist, um den Haß zu seinen wahren Ursprüngen zurückzuführen, damit wir ihn eingliedern und integrieren können. Das ist es, was alle unterdrückten Völker von ihren Unterdrückern verlangen. Deswegen müssen zum Beispiel beim Rassenhaß auch *alle* Weißen stellvertretend für die wirklich schuldigen Weißen Verantwortung tragen. Aus diesem Grund können die, die symbolisch für Autorität stehen, für alle Eltern – denn wir alle sind durch Assoziation schuldig – ein Bekenntnis in diesem Sinn in Wort und Tat ablegen: »Wir, die Elterngeneration, müssen stellvertretend bekennen, daß euch als Kindern etwas angetan wurde, was euren Haß verständlich macht.« Das wird nicht leicht sein, aber ohne dies wird die nötige Umsteuerung des Hasses nicht möglich werden.

Viele werden einen solchen Schritt als eine Utopie verwerfen. Jedoch haben Abraham Lincoln, Franklin D. Roosevelt, Sandro Bertini, wie auch in jüngerer Geschichte Willy Brandt in Auschwitz, Václav Havel, Richard von Weizsäcker, und am Anfang seiner Laufbahn Michail Gorbatschow, alle bewiesen, daß solche Selbstbekenntnisse ganze Völker zu einem verstärkten Selbstbewußtsein bringen können.

Solch ein verstärktes Selbstbewußtsein braucht aber ein moralisches Klima. Dieses kann von politischen Führern bestimmt werden, und es unterstützt dann auch ihre moralische Haltung. Diese Haltung ist die einzige, aber auch die wirkungsvollste Waffe im Kampf gegen das Psychopathische, und sie wirkt auch gegen die Infektion unserer politischen Führer.

Moral kommt nicht aus abstrakten Begriffen. Sie entwickelt sich aus der Fähigkeit, empathisch auf Schmerz und Leid im anderen zu reagieren. Wenn wir merken, daß es uns schmerzt, wenn unsere Taten anderen Schmerz und Leiden zufügen, dann fängt wirkliche Moral an. Ein Gewissen im Sinne von Schuldgefühlen, die uns dazu bringen, Buße zu tun, ist nur ein äußerliches Über-Ich. Dies bewirkt nur, sich in den Augen anderer schuldig zu fühlen, nicht in den eigenen. Wenn aber nur äußere Schranken Einhalt gebieten, dann werden Heuchelei, Falschheit und Betrug jede Ebene einer Gesellschaft durchdringen. Denn die Menschen mit einem äußerlichen Gewissen – und das sind die Gehorsamen – werden die ersten sein, die die Unaufrichtigkeit und Falschheit der politischen Autoritäten erkennen, und werden das als Alibi gebrauchen, ihre eigenen Hemmungen abzulegen.

Das Kennzeichen solcher Zeiten ist immer die Zunahme der Gewalttätigkeit gegen die Schwächsten, die Kinder und die Frauen.

Und in der Tat wächst die Gewalttätigkeit gegen Kinder und Frauen überall in der Welt.[136] In den USA alleine werden täglich fast 1900 Frauen und Kinder vergewaltigt. Eine von je acht Amerikanerinnen wird zum Opfer.[137] Dies ist das Ausmaß der Verachtung für Liebe und Mütterlichkeit.

Diese Gewalttätigkeit als Verachtung für die Liebe zu erkennen ist ein erster Schritt, um Verachtung die Schranken zu bieten. Dieser Kampf muß vom Moralischen her geführt werden, durch die Anerkennung des Leids, nicht einfach durch Strafe. Bestrafung für sich alleine ist nur wieder Ausdruck von Gewalt.

Der Drang, Gewalttätigkeit nur zu bestrafen, diese aber nicht im Ausmaß ihrer Einbettung in die Ganzheit unseres gesellschaftlichen Seins zu sehen, ist selber Ausdruck der Identifikation mit dem Aggressor. Wir suchen dann nur ein Opfer, nicht den eigentlichen Täter, der nur im Teufelskreis des Gehorsams und des sich daraus ergebenden Hasses erkannt werden kann. Am Ende müssen wir *sehen,* was wir einander antun. Nur dann werden sich unsere Herzen öffnen. Es sind nicht die politischen Ideologien, die uns aus dieser Sackgasse führen werden, sondern der Versuch, immer wieder, ehrlich mit uns selber zu sein.

Nachsatz

Dieses Buch verkörpert auch meine persönliche Hoffnung für mein Enkelkind Zoe. Indem es ihrer Zukunft gewidmet ist, ist es allen unseren Kindern gewidmet!

Ich möchte allen meinen Patienten danken, deren eigener, oft verzweifelter Kampf um ihre persönliche Wahrheit mir Anstoß und Anlaß zu den hier entwickelten Ideen war und bleibt.

Mein tiefer Dank geht auch an Suzanne Maiello, Martti Siirala und Christa Wolf. Sie alle lasen das Manuskript im Werden zum Buche und trugen zur Schärfung und Ermutigung bei.

Krista Maria Schädlich, meine Lektorin, kam mir mit einem außergewöhnlichen tiefen Verständnis entgegen. Sie brachte meine Arbeit auf eine vermittelnde Ebene, so daß mein Schreiben auf deutsch, aber auf englisch denkend, dem Leser nicht im Wege stehen würde.

Ich möchte bei dieser Gelegenheit dem Personal der Luzerner Zentralbibliothek danken für ihre unermüdliche und freundliche Hilfsbereitschaft.

Helmut Holzapfel danke ich für seinen persönlichen Einsatz, das für die Taschenbuchausgabe geschriebene letzte Kapitel verständlicher zu gestalten.

Zürich, Sommer 1992

Anmerkungen

1 G. Steiner: North of the Future. In: The New Yorker, 28. August 1989.
2 P. Celan: Die Niemandsrose. Gedichte. Fischer: Frankfurt 1965.
3 T. Aitmatow: Ein Tag länger als ein Leben. Fischer: Frankfurt 1985.
4 J.-P. Sartre: Réflexions sur la Question Juive. Morihien: Paris 1946.
5 A. Gruen: Der Wahnsinn der Normalität. Realismus als Krankheit: eine grundlegende Theorie zur menschlichen Destruktivität. Kösel: München 1987 (Taschenbuchausgabe Deutscher Taschenbuch Verlag: München 1989).
6 M. Keller: persönliche Mitteilung, 1990.
7 A. Gruen: Psychologic Aging as a Pre-Existing Factor in Strokes. In: Journal Nervous and Mental Disease, 134/2, Februar 1962.
8 E. Fromm: Empirische Untersuchungen zum Gesellschafts-Charakter. Gesamtausgabe, Band 3. Deutscher Taschenbuch Verlag: München 1989.
9 Q. McNemar: Psychological Statistics. Wiley: New York 1949.
10 Die »Gaußsche Normalverteilung« ist das Ergebnis der Häufigkeit von Merkmalen, das durch das Zusammenwirken vieler Einflußfaktoren zustande kommt und grafisch die Form einer Glocke hat. Der Mittelwert liegt in der Mitte und fällt nach beiden Seiten symmetrisch ab. Die erste Standardabweichung (links und rechts des Mittelwertes) beträgt 34 Prozent, die zweite 14 Prozent und die dritte 2 Prozent.
11 Siehe Anm. 8.
12 Fromm schreibt: »Die ausbeuterischen Unternehmer gehören zu den am stärksten entfremdeten Dorfbewohnern. Unserer Erfahrung nach haben sie trotz ihrer materiellen Erfolge weniger Freude am Leben als irgendwer sonst. Sie sind gegen die Fiestas, das Wohlergehen anderer interessiert sie nicht, wenn es ihnen keinen Profit bringt... Die meisten dieser Männer üben einen destruktiven Einfluß auf ihre Kinder, ihre Ehefrauen und die übrigen Dorfbewohner aus.« (Siehe Anm. 8, S. 344 f.)
13 Zitiert nach P. Deussen: Jakob Böhme. Über sein Leben und seine Philosophie. Brockhaus: Leipzig 1911.
14 T. Aitmatow: Der Richtplatz. Unionsverlag: Zürich 1986.
15 J. Wassermann: Christian Wahnschaffe. Deutscher Taschenbuch Verlag: München 1989.
16 A. Gruen: Der Wahnsinn der Normalität (siehe Anm. 5).
17 A. Frefel: Rumänien, das Konzentrationslager des Ostens. In: Tages-Anzeiger, Zürich, 21. Dezember 1989.
18 P. Niemelä: Idealized Motherhood and the Later Reality. 6th International Congress of Psychosomatic Obstetrics and Gynecology. Berlin, 2. bis 6. September 1980.
19 S. Diamond: Kritik der Zivilisation. Campus: Frankfurt 1976.
20 Vergleiche A. Gruen: Die Familie. Wegbereiter oder Verhinderer der Autonomie. Internationales Sozialpädagogisches Symposium, SOS-Kinderdorf Innsbruck, 12. bis 14. Oktober 1989.

21 J. Liedloff: Auf der Suche nach dem verlorenen Glück. Beck: München 1980. – E. B. Leacock: Mythos of Male Dominance. Monthly Review Press: New York 1981.

22 A. Gruen: Der Verrat am Selbst. Die Angst vor Autonomie bei Mann und Frau. Deutscher Taschenbuch Verlag: München 1986.

23 A. Gruen: Der frühe Abschied. Eine Deutung des Plötzlichen Kindstodes. Kösel: München 1988. – A. Gruen und J. Prekop: Das Festhalten und die Problematik der Bindung im Autismus. In: Praxis der Kinderpsychologie und Kinderpsychiatrie, 35/7, 1986.

24 H. Miller: Vom großen Aufstand. Arche: Zürich 1964.

25 Zitiert nach B. und A. Gelb: O'Neill. Delta: New York 1964.

26 Vergleiche über den Besitz der Realität M. Siirala: From Transfer to Transference. Therapeia Foundation: Helsinki 1983.

27 N. Ascherson: The »Bildung« of Barbie. In: The New York Review of Books, 24. November 1983. Siehe auch A. Gruen: Der Wahnsinn der Normalität (Anm. 5).

28 H. S. Sullivan: The Interpersonal Theory of Psychiatry. Norton: New York 1953.

29 T. Blixen: Das träumende Kind. In: T. Blixen: Wintergeschichten. Deutsche Verlags-Anstalt: Stuttgart 1985.

30 W. Scherf: Kinderspiele als Provokation des Grausigen. In: Mythen, Märchen und moderne Zeiten. Herausgegeben von A. C. Baumgärtner und K. E. Maier. Deutsche Akademie für Kinder- und Jugendliteratur: Würzburg 1987.

31 C. Edvardson: Gebranntes Kind sucht das Feuer. Deutscher Taschenbuch Verlag: München 1989.

32 E. Werner: Individual Differences, Universal Needs. A 30-Year Study of Resilient High Risk Infants. Zero to Three, National Center for Clinical Infant Programs, Washington, D. C., VIII, 4. April 1988. – A. J. Hostetler: Why Baby Cries. Data May Hush Sceptics. In: Monitor, Juli 1988.

33 Dunst, Cushing und Vance (1985) in: G. G. Williamson (siehe Anm. 34).

34 G. G. Williamson: Motor Control as a Resource for Adaptive Coping. Zero to Three, National Center for Clinical Infant Programs, Washington, D. C., IX, 1. September 1988.

35 Dazu ausführlich A. Gruen: Der Verrat am Selbst (siehe Anm. 22).

36 R. D. Laing: Das geteilte Selbst. Eine existentielle Studie über geistige Gesundheit und Wahnsinn. Deutscher Taschenbuch Verlag: München 1987.

37 Zitiert nach C. Magris: Donau. Biographie eines Flusses. Deutscher Taschenbuch Verlag: München 1991, S. 132.

38 Vergleiche die 1892 erstmals erschienene Erzählung von C. P. Gilman: Die gelbe Tapete. Frauenoffensive: Berlin 1978.

39 R. Norwood: Wenn Frauen zu sehr lieben. Rowohlt: Reinbek 1986.

40 H. Moravec: Mind Children. Der Wettlauf zwischen menschlicher und künstlicher Intelligenz. Hoffmann und Campe: Hamburg 1990, S. 154.

41 N. Cohen: Das Ringen um das Tausendjährige Reich. Revolutionärer Messianismus im Mittelalter und sein Fortleben in den modernen totalitären Bewegungen. Franke: Bern 1961. Zitiert nach der überarbeiteten englischen Neuausgabe: The Pursuit of the Millennium. Oxford University Press: Oxford 1970.

42 J. Bushnell: Mutiny Amid Repression. Indiana University Press: Bloomington 1985.

[43] A. Gruen: Der Wahnsinn der Normalität (siehe Anm. 5).
[44] Zitiert nach F. Müller: Schwarz – Rot – Gold. In: Tages-Anzeiger, Zürich, 18. Januar 1990.
[45] W. V. Silverberg: The Schizoid Maneuver. In: Psychiatry, 10/383, 1947.
[46] E. Rosenstock-Huessy: Die Sprache des Menschengeschlechts. Lambert-Schneider: Heidelberg 1964.
[47] A. Hacker: Affirmative Action. The New Look. In: The New York Review of Books, 12. Oktober 1989.
[48] Increasing High School Completion Rates. New York State Department of Education Report, 1987.
[49] J. Fallows: Wake Up, America! In: The New York Review of Books, 1. März 1990.
[50] M. Danner: A Reporter at Large. Beyond the Mountains III. In: The New Yorker, 11. Dezember 1989.
[51] P. Campeanu: The Revolt of the Romanians. In: The New York Review of Books, 1. Februar 1990.
[52] E. Radzinskij: Mein Freund Josif Wissarionowitsch. In: Süddeutsche Zeitung, 22./23. Juli 1989.
[53] The Talk of the Town. In: The New Yorker, 1. Januar 1990.
[54] R. J. Barnet: Reflections. After the Cold War. In: The New Yorker, 1. Januar 1990.
[55] A. L. Bucharina: Nun bin ich schon weit über zwanzig. Steidl: Göttingen 1989.
[56] O. Mandelstam: Mitternacht in Moskau. Ammann: Zürich 1986.
[57] N. Mandelstam: Hope abandoned. Atheneum: New York 1974.
[58] N. Mandelstam: Hope against Hope. A Memoir. Atheneum: New York 1970.
[59] C. Tophinke: Das Prinzip Langeweile. In: Tages-Anzeiger Magazin, Zürich, 7. Oktober 1989.
[60] In einer Rundfunksendung von L. v. Gienanth: Beziehung zum Frieden. Bayerischer Rundfunk, 4. Oktober 1989.
[61] B. Myerhoff: Number our Days. Simon & Schuster: New York 1978. Hervorhebung von mir.
[62] Siehe Anm. 26.
[63] E. Eng: Creative Patient / Patient Therapist. In: The Psychotherapy Patient, 4/1, 1987. – The Creative Patient. Herausgegeben von E. M. Stern. – E. Eng: Love that is not all Pain is not all Love. IX International Symposium on the Psychotherapy of Schizophrenia, Turin, 14. bis 17. September 1988.
[64] Bericht des Schweizer Fernsehens am 8. Februar 1990: Warum verschwindest du nicht.
[65] F. Donner: Shabono. Eine Frau in der magischen Welt der Iticoteri. Zsolnay: Wien 1983.
[66] A. Porchia: Voices. Knopf: New York 1988.
[67] R. Eckstein und R. L. Motto: From Learning for Love to Love of Learning. Brunner-Mazel: New York 1969.
[68] Siehe Anm. 21.
[69] A. Kardiner: My Analysis with Freud. Norton: New York 1977.
[70] A. Gruen: The Discontinuity in the Ontogeny of Self. Possibilities for Integration or Destructiveness. In: Psychoanalytic Review, 61/4, 1974/5.

[71] G. Bychowski: Aktivität und Realität. In: Internationale Zeitschrift für Psychoanalyse, 29, 1933.
[72] C. G. Jung: Erinnerungen, Träume, Gedanken. Walter: Olten 1985.
[73] V. E. Pilgrim: Muttersöhne. Claassen: Düsseldorf 1986. Vergleiche auch A. Gruen: Der Wahnsinn der Normalität (siehe Anm. 5).
[74] E. O'Neill: Alle Reichtümer der Welt. Fischer: Frankfurt 1965.
[75] H. Cleckley: The Mask of Sanity. Mosby: St. Louis 1964.
[76] A. France: Die Insel der Pinguine. Musarion: München 1919.
[77] P. Levi: Ist das ein Mensch? Ein autobiographischer Bericht. Deutscher Taschenbuch Verlag: München 1992.
[78] Zitiert nach R. A. Caro: Annals of Politics. The Johnson Years. A Congressman goes to War. In: The New Yorker, 6. November 1989.
[79] R. A. Caro: Annals of Politics. The Johnson Years. Buying and Selling. In: The New Yorker, 18. Dezember 1989.
[80] R. A. Caro: Annals of Politics. The Johnson Years. The Old and the New I. In: The New Yorker, 15. Januar 1990.
[81] R. A. Caro: Annals of Politics. The Johnson Years. The Old and the New III. In: The New Yorker, 29. Januar 1990.
[82] Siehe Anm. 78.
[83] R. A. Caro: Annals of Politics. The Johnson Years. The Old and the New IV. In: The New Yorker, 5. Februar 1990.
[84] Ebenda.
[85] R. N. Goodwin: President Lyndon Johnson. The War within. In: New York Times Magazine, 21. August 1988.
[86] R. Steel: The Ancient Mariner. In: The New York Review of Books, 30. Mai 1985.
[87] Siehe Anm. 85.
[88] Zitiert bei M. Siirala: The Voice of Illness. Mellen: New York 1964, S. 145.
[89] A. Whitehead: Science and the Modern World. MacMillan: New York 1925.
[90] Zu Descartes vergleiche M. Siirala: The Voice of Illness (Anm. 88), S. 171. – E. Rosenstock-Huessy: Out of Revolution. Autobiography of Western Man. Argo: Norwich 1969 (Kapitel ›Farewell to Descartes‹ und ›The Survival Value of Humour‹).
[91] E. G. Schachtel: Metamorphosis. On the Development of Affect, Perception, Attention and Memory. Basic Books: New York 1959, S. 171.
[92] E. F. Keller: A Feeling for the Organism. Freeman: New York 1983.
[93] E. F. Keller: Liebe, Macht und Erkenntnis. Männliche oder weibliche Wissenschaft? Hanser: München 1986.
[94] E. F. Keller: From Secrets of Life to Secrets of Death. In: Body Politics. Herausgegeben von M. Jacobus, E. F. Keller u. a. Routledge: London 1990.
[95] C. W. Mills: The Sociological Imagination. Oxford University Press: New York 1959.
[96] E. Fromm: Politics and Psychoanalysis. In: Voices of Dissent. Grove: New York 1955.
[97] M. Siirala: Psychotherapy of Schizophrenia as a Basic Human Experience, as a Ferment for a Metamorphosis in the Conception of Knowledge and the Image of Man. In: Psychotherapy of Schizophrenia. Herausgegeben von D. Rubinstein und Y. O. Alanen. Excerpta Medica: Amsterdam 1972.

[98] M. Harrington: The New Lost Generation. Jobless Youth. In: New York Times Magazine, 24. Mai 1964.
[99] L. Roberts: Vietnam's Psychological Toll. In: Science, 241, 8. Juli 1988.
[100] A. Gruen: Der frühe Abschied (siehe Anm. 23).
[101] M. Ribble: The Rights of Infants. Columbia University Press: New York 1943.
[102] P. Roth: A Conversation in Prague. In: The New York Review of Books, 12. April 1990.
[103] A. Gruen: Der Verrat am Selbst (siehe Anm. 22), S. 117ff.
[104] Siehe Anm. 102.
[105] E. Canetti: Das Gewissen der Worte. Fischer: Frankfurt 1981.
[106] J. Collier: Indians of the Americas. Mentor: New York 1948.
[107] J. Berger: Keeping a Rendezvous. In: The Nation, 7. Mai 1990 (zitiert den Historiker Immanuel Wallerstein).
[108] B. Baumann: Wie alles anfing. Trikont: München 1975.
[109] J. Raban: Gott, der Mensch & Mrs. Thatcher. Steidl: Göttingen 1990.
[110] Beide Zitate bei J. Newhouse: Profiles. The Gamefish. In: The New Yorker, 10. Februar 1986.
[111] Siehe Anm. 108.
[112] Siehe Anm. 109.
[113] Ebenda.
[114] G. Breitling: Wachstum für alle. Unpubliziert (Genf 1989).
[115] Zitiert nach J. Berger: Keeping a Rendezvous. In: The Nation, 7. Mai 1990.
[116] D. Mattera: Sophiatown. Coming of Age in South Africa. Beacon: Boston 1989.
[117] R. Sampson: Von der Staatsraison zur Raison des Herzens. Symposion Macht und Frieden, Monte Verità, Tessin, September 1989.
[118] B. McKibben: Reflections. The End of Nature. In: The New Yorker, 11. September 1989.
[119] Siehe Anm. 118.
[120] Siehe Anm. 118.
[121] M. Ullman und A. Gruen: Behavioral Changes in Patients with Strokes. In: American Journal of Psychiatry, 117/11, Mai 1961.
[122] Wenn Boiler zu Bomben werden. In: Tages-Anzeiger, Zürich, 12. Mai 1990.
[123] R. R. Palmer: Twelve who Ruled. Princeton University Press: Princeton 1941.
[124] S. Maiello, persönliche Mitteilung im Februar 1990.
[125] E. Aronson und S. Rosenbloom: Space Perception in Early Infancy. Perception within a Common Auditory-Visual Space. In: Science, 172, 1971.
[126] Zitiert nach M. Barinaga: Where Have all the Froggies Gone? In: Science, 247, 2. März 1990.
[127] Talk of the Town. In: The New Yorker, 9. April 1990.
[128] H. Thomas: As it was. Harper: New York 1926.
[129] E. Hobsbawm: The Perils of the New Nationalism. In: The Nation, 4. November 1991.
[130] A. Gruen: Der Verrat am Selbst (siehe Anm. 22). – A. Gruen: Der frühe Abschied (siehe Anm. 23). – M. Nienstedt und A. Westermann: Pflegekinder. Psychologische Beiträge zur Sozialisation von Kindern in Ersatzfamilien. Votum: Münster 1990. – R. Laing: Das geteilte Selbst (siehe Anm. 36).

[131] A. Freud: Das Ich und die Abwehrmechanismen. In: Die Schriften der Anna Freud. Band 1. Fischer: Frankfurt 1987.

[132] S. Ferenczi: Sprachverwirrung zwischen den Erwachsenen und dem Kind. In: S. Ferenczi: Bausteine zur Psychoanalyse. Band 3. Ullstein: Berlin 1984, S. 518 f.

[133] A. Gruen: Haß, Fremdenhaß und Rechtsextremismus. In: Neue Zürcher Zeitung, 30. November/1. Dezember 1991.

[134] The Coup Next Time. In: Mother Jones, November/Dezember 1991.

[135] Siehe Anm. 130.

[136] Mißhandelte Frauen. Zwischen Aufstand und Erniedrigung. In: AI-Magazin, 3. März 1992.

[137] In den USA täglich fast 1900 Vergewaltigungen. In: Neue Zürcher Zeitung, 25./26. April 1992.

Literaturverzeichnis

Aitmatow, T.: Ein Tag länger als ein Leben. Fischer: Frankfurt 1985

Aitmatow, T.: Der Richtplatz. Unionsverlag: Zürich 1986

Aronson, E., und S. Rosenbloom: Space Perception in Early Infancy. Perception within a Common Auditory-Visual Space. In: Science, 172, 1971

Ascherson, N.: The »Bildung« of Barbie. In: The New York Review of Books, 24. November 1983

Barinaga, M.: Where Have all the Froggies Gone? In: Science, 247, 2. März 1990

Barnet, R. J.: Reflections. After the Cold War. In: The New Yorker, 1. Januar 1990

Baumann, B.: Wie alles anfing. Trikont: München 1975

Berger, J.: Keeping a Rendezvous. In: The Nation, 7. Mai 1990

Blixen, T.: Wintergeschichten. Deutsche Verlags-Anstalt: Stuttgart 1985

Breitling, G.: Wachstum für alle. (Unpubliziert, Genf 1989)

Bucharina, A. L.: Nun bin ich schon weit über zwanzig. Erinnerungen. Steidl: Göttingen 1989

Bushnell, J.: Mutiny Amid Repression. Indiana University Press: Bloomington 1985

Bychowski, G.: Aktivität und Realität. In: Internationale Zeitschrift für Psychoanalyse, 29, 1933

Campeanu, P.: The Revolt of the Romanians. In: The New York Review of Books, 1. Februar 1990

Canetti, E.: Das Gewissen der Worte. Fischer: Frankfurt 1981

Caro, R. A.: Annals of Politics. The Johnson Years. In: The New Yorker, 6. November 1989, 18. Dezember 1989, 15. Januar 1990, 29. Januar 1990, 5. Februar 1990

Celan, P.: Die Niemandsrose. Gedichte. Fischer: Frankfurt 1965

Cleckley, H.: The Mask of Sanity. Mosby: St. Louis 1964

Cohen, N.: Das Ringen um das Tausendjährige Reich. Revolutionärer Messianismus im Mittelalter und sein Fortleben in den modernen totalitären Bewegungen. Franke: Bern 1961

Collier, J.: Indians of the Americas. Mentor: New York 1948

Danner, M.: A Reporter at Large. Beyond the Mountains II. In: The New Yorker, 11. Dezember 1989

Deussen, P.: Jakob Böhme. Über sein Leben und seine Philosophie. Brockhaus: Leipzig 1911

Diamond, S.: Kritik der Zivilisation. Campus: Frankfurt 1976

Donner, F.: Shabono. Eine Frau in der magischen Welt der Iticoteri. Zsolnay: Wien 1983

Eckstein, R. und R. L. Motto: From Learning for Love to Love of Learning. Brunner-Mazel: New York 1969

Edvardson, C.: Gebranntes Kind sucht das Feuer. Deutscher Taschenbuch Verlag: München 1989

Eng, E.: Creative Patient / Patient Therapist. In: The Psychotherapy Patient, 4/1, 1987

Fallows, J.: Wake Up, America! In: The New York Review of Books, 1. März 1990

Ferenczi, S.: Sprachverwirrungen zwischen den Erwachsenen und dem Kind. In: S. Ferenczi: Bausteine zur Psychoanalyse. Band 3. Ullstein: Berlin 1984
France, A.: Die Insel der Pinguine. Musarion: München 1919
Frefel, A.: Rumänien, das Konzentrationslager des Ostens. In: Tages-Anzeiger, Zürich, 21. Dezember 1989
Freud, A.: Das Ich und die Abwehrmechanismen. In: Die Schriften der Anna Freud. Band 1. Fischer: Frankfurt 1987
Fromm, E.: Politics and Psychoanalysis. In: Voices of Dissent. Grove: New York 1955; Übers. A. G. (Unter dem Titel ›Die Auswirkungen eines triebtheoretischen Radikalismus auf den Menschen‹ auch in: E. Fromm: Gesamtausgabe. Band 8. Deutscher Taschenbuch Verlag: München 1989)
Fromm, E.: Empirische Untersuchungen zum Gesellschafts-Charakter. Gesamtausgabe. Band 3. Deutscher Taschenbuch Verlag: München 1989
Gelb, B. und A.: O'Neill. Delta: New York 1964
Gilman, C. P.: Die gelbe Tapete. Frauenoffensive: Berlin 1978
Goodwin, R. N.: President Lyndon Johnson. The War within. In: New York Times Magazine, 21. August 1988
Gruen, A.: Psychologic Aging as a Pre-Existing Factor in Strokes. In: Journal Nervous and Mental Disease, 134/2, Februar 1962
Gruen, A.: The Discontinuity in the Ontogeny of Self. Possibilities for Integration or Destructiveness. In: Psychoanalytic Review, 61/4, 1974/5
Gruen, A.: Der Verrat am Selbst. Die Angst vor Autonomie bei Mann und Frau. Deutscher Taschenbuch Verlag: München 1986
Gruen, A., und J. Prekop: Das Festhalten und die Problematik der Bindung im Autismus. In: Praxis der Kinderpsychologie und Kinderpsychiatrie, 35/7, 1986
Gruen, A.: Der Wahnsinn der Normalität. Realismus als Krankheit: eine grundlegende Theorie zur menschlichen Destruktivität. Kösel: München 1987 (Taschenbuchausgabe Deutscher Taschenbuch Verlag: München 1989)
Gruen, A.: Der frühe Abschied. Eine Deutung des Plötzlichen Kindstodes. Kösel: München 1988
Gruen, A.: Die Familie. Wegbereiter oder Verhinderer der Autonomie. Internationales Sozialpädagogisches Symposium, SOS Kinderdorf Innsbruck, 12. bis 14. Oktober 1989
Gruen, A.: Fremdenhaß und Rechtsextremismus. In: Neue Zürcher Zeitung, 30. November/1. Dezember 1991
Hacker, A.: Affirmative Action. The New Look. In: The New York Review of Books, 12. Oktober 1989
Harrington, M.: The New Lost Generation. Jobless Youth. In: New York Times Magazine, 24. Mai 1964
Hobsbawm, E.: The Perils of the New Nationalism. In: The Nation, 4. November 1991
Hostetler, A. J.: Why Baby cries. Data May Hush Sceptics. In: Monitor, Juli 1988
Increasing High School Completion Rates. New York State Department of Education Report, 1987
Jung, C. G.: Erinnerungen, Träume, Gedanken. Walter: Olten 1985
Kardiner, A.: My Analysis with Freud. Norton: New York 1977
Keller, E. F.: A Feeling for the Organism. Freeman: New York 1983

Keller, E. F.: Liebe, Macht und Erkenntnis. Männliche oder weibliche Wissenschaft? Hanser: München 1986
Keller, E. F.: From Secrets of Life to Secrets of Death. In: Body Politics. Women and the Discourse of Science. Herausgegeben von M. Jacobus, E. F. Keller u. a. Routledge: London 1990
Laing, R. D.: Das geteilte Selbst. Eine existentielle Studie über geistige Gesundheit und Wahnsinn. Deutscher Taschenbuch Verlag: München 1987
Leacock, E. B.: Myths of Male Dominance. Monthly Review Press: New York 1981
Levi, P.: Ist das ein Mensch? Ein autobiographischer Bericht. Deutscher Taschenbuch Verlag: München 1992
Liedloff, J.: Auf der Suche nach dem verlorenen Glück. Beck: München 1980
Magris, C.: Donau. Biographie eines Flusses. Deutscher Taschenbuch Verlag: München 1991
Mandelstam, N.: Hope against Hope. A Memoir. Atheneum: New York 1970
Mandelstam, N.: Hope abandoned. Atheneum: New York 1974
Mandelstam, O.: Mitternacht in Moskau. Ammann: Zürich 1986
Mattera, D.: Sophiatown. Coming of Age in South Africa. Beacon: Boston 1989
McKibben, B.: Reflections. The End of Nature. In: The New Yorker, 11. September 1989
McNemar, Q.: Psychological Statistics. Wiley: New York 1949
Miller, H.: Vom großen Aufstand. Arche: Zürich 1964
Mills, C. W.: The Sociological Imagination. Oxford University Press: New York 1959
Moravec, H.: Mind Children. Der Wettlauf zwischen menschlicher und künstlicher Intelligenz. Hoffmann und Campe: Hamburg 1990
Müller, F.: Schwarz – Rot – Gold. In: Tages-Anzeiger, Zürich, 18. Januar 1990
Myerhoff, B.: Number our Days. Simon & Schuster: New York 1978
Newhouse, J.: Profiles. The Gamefish. In: The New Yorker, 10. Februar 1986
Niemelä, P.: Idealized Motherhood and the Later Reality. 6th International Congress of Psychosomatic Obstetrics and Gynecology. Berlin, 2. bis 6. September 1980
Nienstedt, M., und A. Westermann: Pflegekinder. Psychologische Beiträge zur Sozialisation von Kindern in Ersatzfamilien. Votum: Münster 1990
Norwood, R.: Wenn Frauen zu sehr lieben. Rowohlt: Reinbek 1986
O'Neill, E.: Alle Reichtümer der Welt. Fischer: Frankfurt 1965
Palmer, R. R.: Twelve who Ruled. Princeton University Press: Princeton 1941
Pilgrim, V. E.: Muttersöhne. Claassen: Düsseldorf 1986
Porchia, A.: Voices. Knopf: New York 1988
Raban, J.: Gott, der Mensch & Mrs. Thatcher. Steidl: Göttingen 1990
Radzinskij, E.: Mein Freund Josif Wissarionowitsch. In: Süddeutsche Zeitung, 22./23. Juli 1989
Ribble, M.: The Rights of Infants. Columbia University Press: New York 1943
Roberts, L.: Vietnam's Psychological Toll. In: Science, 241, 8. Juli 1988
Rosenstock-Huessy, E.: Die Sprache des Menschengeschlechts. Lambert-Schneider: Heidelberg 1964
Rosenstock-Huessy, E.: Out of Revolution. Autobiography of Western Man. Argo: Norwich 1969

Roth, P.: A Conversation in Prague. In: The New York Review of Books, 12. April 1990
Sampson, R.: Von der Staatsraison zur Raison des Herzens. Symposion Macht und Frieden, Monte Verità, Tessin, September 1989
Sartre, J.-P.: Réflexions sur la Question Juive. Morihien: Paris 1946
Schachtel, E. G.: Metamorphosis. On the Development of Affect, Perception, Attention and Memory. Basic Books: New York 1959
Scherf, W.: Kinderspiele als Provokation des Grausigen. In: Mythen, Märchen und moderne Zeit. Herausgegeben von A. C. Baumgärtner und K. E. Maier. Deutsche Akademie für Kinder- und Jugendliteratur: Würzburg 1987
Siirala, M.: The Voice of Illness. Mellen: New York 1964
Siirala, M.: Psychotherapy of Schizophrenia as a Basic Human Experience. In: Psychotherapy of Schizophrenia. Herausgegeben von D. Rubinstein und Y. A. Alanen. Excerpta Medica: Amsterdam 1972
Siirala, M.: From Transfer to Transference. Therapeia Foundation: Helsinki 1983
Silverberg, W. V.: The Schizoid Maneuver. In: Psychiatry, 10/383, 1947
Steel, R.: The Ancient Mariner. In: The New York Review of Books, 30. Mai 1985
Steiner, G.: North of the Future. In: The New Yorker, 28. August 1989
Sullivan, H. S.: The Interpersonal Theory of Psychiatry, Norton: New York 1953
Thomas, H.: As it was. Harper: New York 1926
Tophinke, C.: Das Prinzip Langeweile. In: Tages-Anzeiger Magazin, Zürich, 7. Oktober 1989
Ullman, M. und A. Gruen: Behavioral Changes in Patients with Strokes. In: American Journal of Psychiatry, 117/11, Mai 1961
Wassermann, J.: Christian Wahnschaffe. Deutscher Taschenbuch Verlag: München 1989
Werner, E.: Individual Differences, Universal Needs. A 30-Year Study of Resilient High Risk Infants. Zero to Three, National Center for Clinical Infant Programs, Washington, D. C., VIII, 4. April 1988
Whitehead, A.: Science and the Modern World. MacMillan: New York 1925
Williamson, G. G.: Motor Control as a Resource for Adaptive Coping. Zero to Three, National Center for Clinical Infant Programs, Washington, D. C., IX, 1. September 1988

Namenregister

Alvin Toffler

Machtbeben

Powershift
Wissen, Wohlstand und Macht im 21. Jahrhundert

608 Seiten, gebunden mit Schutzumschlag

Wer wird die Macht inder High-Tech-Gesellschaft der Zukunft besitzen? Werden die Männer, die heute die Geschäftswelt regieren, ihre Schlüsselpositionen in der Wirtschaft, beim Militär oder in den politischen Parteien behaupten können, wenn die Computer-Revolution erst Spitzengeschwindigkeit erreicht hat?
Körperliche Gewalt und Geld garantierten früher Macht, die »dritte Welle« bringt die Herrschaft derer, die das Wissen kontrollieren, von dem unsere Wirtschaft immer abhängiger wird. Werden die Besitzer und Kontrolleure von Information die absoluten Herrscher sein? Werden die Informationslosen (das »elektronische Proletariat«) nicht in ständiger Unterdrückung leben und dagegen aufbegehren? Wird die Hierarchie in einer Gesellschaft – und die zwischen den Staaten – künftig vom jeweiligen Informationsbesitz bestimmt werden? Kommt die Info-Diktatur?
Alvin Toffler recherchierte für dieses Buch 10 Jahre lang und sprach mit Führungskräften aus aller Welt. Seine besonderen Stärken sind – in einer Zeit der Spezialisten – die originelle Verknüpfung des Materials aus den unterschiedlichsten Lebensbereichen und die anschauliche, ja unterhaltsame Präsentation seiner aufsehenerregenden Untersuchungen.

Arno Gruen
im dtv

Der Verrat am Selbst
Die Angst vor Autonomie
bei Mann und Frau

Heute aktueller denn je: der Begriff der Autonomie, der nicht Stärke und Überlegenheit meint, sondern die volle Übereinstimmung des Menschen mit seinen eigenen Gefühlen und Bedürfnissen. Wo sie nicht vorliegt – eher die Regel als die Ausnahme –, entstehen Abhängigkeit und Unterwerfung, Macht und Herrschaft. Ein Buch, das eine Grunddimension mitmenschlichen Daseins erfaßt.
dtv 35000

Der Wahnsinn der Normalität
Realismus als Krankheit:
eine grundlegende Theorie zur menschlichen Destruktivität

Arno Gruen legt die Wurzeln der Destruktivität frei, die sich viel öfter, als uns klar ist, hinter vermeintlicher Menschenfreundlichkeit oder »vernünftigem« Handeln verbergen. Er überzeugt durch die Vielzahl der Beispiele und schafft die Beweislage, daß dort, wo Innen- und Außenwelt auseinanderfallen, Verantwortung und Menschlichkeit ausbleiben.
dtv 35002

Falsche Götter
Über Liebe, Haß und die
Schwierigkeit des Friedens

»Ich meine nicht, daß man mit Politikern psychoanalytisch reden soll. Ich meine, daß man jemandem, der lügt, sagen soll, daß er lügt. Solange wir glauben, daß wir die Liebe dieser Leute benötigen, um erlöst zu werden, sind wir verloren. Wenn wir wieder lernen, andere Menschen auf eine natürliche Art empathisch wahrzunehmen, kann uns niemand mehr an der Nase herumführen.«
dtv 35059 (Januar 1993)